"一带一路"开发研究丛书

总主编 ◎ 向宏 胡德平 王顺洪 徐飞

增量再平衡

中美战略对话的全球性议题与机制构想

傅浩 ◎ 著

西南交通大学出版社
·成都·

图书在版编目（CIP）数据

增量再平衡：中美战略对话的全球性议题与机制构想／
傅浩著. —成都：西南交通大学出版社，2017.4
（"一带一路"开发研究丛书）
ISBN 978-7-5643-5390-2

Ⅰ.①增… Ⅱ.①傅… Ⅲ.①中美关系–研究 Ⅳ.
①D822.371.2

中国版本图书馆 CIP 数据核字（2017）第 078775 号

"一带一路"开发研究丛书
Zengliang Zaipingheng
增量再平衡
中美战略对话的全球性议题与
机制构想

傅　浩　著

出版人	阳　晓
责任编辑	郭发仔
封面设计	严春艳

印张	14.25	字数	134 千

成品尺寸　165 mm×230 mm

版次　2017 年 4 月第 1 版

印次　2017 年 4 月第 1 次

印刷　四川玖艺呈现印刷有限公司

书号　ISBN 978-7-5643-5390-2

出版发行　西南交通大学出版社

网址　http://www.xnjdcbs.com

地址　四川省成都市二环路北一段 111 号
　　　西南交通大学创新大厦 21 楼

邮政编码　610031

发行部电话　028-87600564　028-87600533

定价　58.00 元

图书如有印装质量问题　本社负责退换
版权所有　盗版必究　举报电话：028-87600562

"一带一路"开发研究丛书
编写委员会

总 主 编　向　宏　胡德平　王顺洪　徐　飞

副总主编　何云庵　陈志坚　朱健梅

编　　委　沈火明　何　川　钟　冲　邱延峻

　　　　　汪　铮　张雪永　阳　晓　孟新智

"一带一路"开发研究丛书
创作与出版说明

一、立项说明

"一带一路"倡议如果没有找准全球发展的真实需求，她不可能在今天得到如此众多国家的支持和响应。尽管如此，寻求最广泛的共识与参与依然是我们需要艰苦努力的目标，因为这一倡议的本质是推动"五通三同"：政策沟通、设施联通、贸易畅通、资金融通、民心相通以及利益共同体、责任共同体、命运共同体，在此基础上实现区域共同市场的协同发展与全球化的深入。

"一带一路"倡议尽管是一个经济发展战略和操作计划，但她明显区别于一般的全球发展概念和相应项目计划，因此，"五通三同"既是手段又是目的，只有如此，我们才能推进相关事业的螺旋递进和升华发展。

面对如此众多的国家与经济体，要建立"五通三同"的基本理解与共识并不断深化，将是一个非常复杂的浩繁系统工程。我们深知没有理论研究的超前展开和持续跟进，寻求广泛共识与普遍参与将是非常困难的。

"'一带一路'开发研究丛书"将从五个角度把握选题方向，弄清基本诉求、明晰关键问题、找准逻辑关系：一，从中国国家战略角度；二，从全球发展角度；三，从"一带一路"倡议实施的相关主体角度；四，从西南交通大学角度；五，从新基建高潮与轨道交通发展角度。

（一）从中国国家战略角度

随着改革与开放事业的循环递进，中国借助全球化契机，快速实现了城市化与工业化，也就是初步现代化。长周期高速成长的中国在今天面临如何跨越"中等收入陷阱"与"修昔底德陷阱"的巨大难题，全球经济格局的变化也给我们带来了新一轮的挑战。通过更紧密地融入世界经济体系尤其是亚非欧市场，毫无疑问是跨越两大陷阱、实现和平崛起的根本性战略选择。

2013年9月，中国国家领导人正式向国际社会提出了共建"丝绸之路经济带"和"21世纪海上丝绸之路"的重大倡议，两者合称"一带一路"倡议。近四年来，"一带一路"倡议首先在中国变成了实实在在的国家战略，从组织机制与体系到首批项目安排都全面展开，取得了阶段性成果；"一带一路"倡议不仅得到了沿线国家的积极响应，也结出了诸如亚投行、金砖银行等重大战略性、阶段性成果；2016年11月17日，第71届联大将"一带一路"倡议正式作为大会议程，这不仅标志着国际社会对它的接受，更预示着"一带一路"倡议逐渐成为全球发展的新理念与新思路，成为"千年计划"的重要操作内涵；2017年1月17日，习近平主席在达沃斯世界经济论坛年会上宣布将在北京召开"一带一路"国际合作高峰论坛，预示着中国声音、中国主张、中国方案将满怀信心地进入国际议题；刚刚结束的中美元首"海湖庄园会晤"不仅将开启中美"新型大国关系"格局下的新合作局面，还将在规划中美关系下一个45年的过程之中，探寻"繁荣中美与建设世界并行不悖"的、促进世界经济"增量再平衡"的、中美共同倡导的全球发展新主张和"再全球化"新战略，这些中美间的战略安排将促进"一带一路"倡议的全面深化和"一带一路"大市场的兴旺发达。

我们可以预计，5月14日至15日在北京召开的高峰论坛不仅是中国主场的全球性盛会，也标志着"从一带一路到人类命运共同体"的全人类"大交通"时代的即将来临，新一轮的世界经济大繁荣也许将由此开启，中国新一轮"对外求和、对内求变"的改革发展新战略同样也将由此开启；随后召开的中共十九大将是新一轮改革发展新战略的组织保障与机制深化。

（二）从全球发展角度

今天亚洲的大部分国家依然面临现代化的紧迫需求，也就是城市化与工业化的紧迫需求；美洲尤其是南美、欧洲尤其是东欧不少国家也面临同样的需求；非洲更是如此。

"一带一路"倡议的一个重要特征就是借鉴中国快速实现工业化与城市化所积累的相关经验、模式、方法以及相应的中国能力，联合欧美日等发达国家力量和沿线发达经济体力量，推动亚、非、拉为主的洲域市场快速实现赶超型的、后发优势的现代化过程。因此，"一带一路"倡议也可以说是全球市场整体实现城市化与工业化的"收尾工程"，它将迎来的是现代化的灿烂晚霞。

今天的北美、欧盟等发达国家和经济体，虽然也因就业等压力提出了"再工业化"等口号，事实上是很难收到实效的，更难发挥比较性优势。他们恰恰应该面对未来寻求超前的战略安排与新竞争力布局，通过商业模式与机制的创新实现诸多未来产业的提前成熟，并通过新兴产业与新生活方式创造全新的后工业化产业体系与新消费体系，实现经济的转型与市场的繁荣乃至社会的发展。

"一带一路"倡议的另一个重要特征就是在中美螺旋递进的战略合作机制下，依托美国发达的科技力量与教育力量，创新技术方案与商业模式，联合欧日等发达经济体力量和沿线发达经济体力量，推动中美市场为基础的、"一带一路"沿线相对发达经济体普遍参与的、超前布局的、先发优势的后现代化过程。因此，"一带一路"倡议也可以说是中美联手推动的全球市场发达经济体超前实现后工业化与后现代化的"超前工程"，它将迎来的是后现代化的蓬勃朝阳。

"一带一路"倡议的上述两大特征使其完全有可能成为"再全球化"或"后全球化"时代，实现世界经济"增量再平衡"和新一轮长周期繁荣的全球新战略，也是推动工业化往后工业化演进的文明转型工程。

（三）从"一带一路"倡议实施的相关主体角度

"一带一路"倡议实施涉及的各类主体非常丰富，同类主体又有不同的层级需求；每类主体对"一带一路"的关注、研究、参与都抱有不同的目的与不同的逻辑演进关系。

"一带一路"倡议实施涉及的产业面也相当广泛，不同区域产业链发育的成熟度又有相当大的差异，全球性产业秩序也处在总体平衡的动态调整之中，它的不确定性和不同主体扮演的龙头角色又决定了产业重组与再造所面临的企业性格的个性化。

"一带一路"倡议实施中有一个征象必须说明，那就是区域共同市场的抬头乃至区域共同市场主义的兴起，这就使我们多了一个关注的对象，那就是区域共同市场的牵头人，也许是国际组织、也许是强势国家、也许是强势企业。

"一带一路"倡议实施不能回避它对现行国际政治经济秩序的影响甚至是话语权地位的调整，既有秩序的守成方和挑战方之间的矛盾是无法回避的，关键是看新秩序的建构能不能达成挑战方与守成方的新平衡，这种新平衡的认可需要靠新思维与大主张。

我们的研究，包括因本套丛书带来的深化研究显然是不能够囊括各类主体的不同需求，当下的需求也许还能够有几分感觉，未来变化中的需求调整是很难把握的，尤其是博弈的双方在入场前后的动机变化是最难把握的，我们将尽努力挑战它。

（四）从西南交通大学角度

西南交通大学秉持120年的大交通理念，在全校师生、校友事实上已经是"一带一路"倡议项目实施的普遍参与者基础上，根据创办"双一流"大学的总体目标，提出了"以'一带一路'倡议为契机，以国家实验室为突破，全面建构大交通范畴的学科体系建设理念和有特色的世界一流大学目标"，并以此展开交大新一轮的改革发展新事业。

学校成立了"一带一路"开发研究院与"一带一路"历史文化研究院，参加了全国政协统筹的，由清华大学、国家开发银行、丝路基金等机构发起的"丝路规划研究中心"，同时与中央财经领导小组办公室保持联系，将学校机制与国家机制结合，一方面系统性、全局性展开"一带一路"研究，另一方面积极展开国家战略层面的项目实践。近期开发研究院在华盛顿组织了20位中美双方政产学人士参加的"中美民间基建合作计划专家工作组",推动中国民间资本联合赴美的"美国基建投资计划",取得中美双方高层的一致认可与褒扬。2016年年底,历史文化研究院应梵蒂冈教皇邀请赴梵展开"中梵丝绸之路历史文化研究",不仅取得了阶段性成果,还建立了与梵方多个机构的长期合作机制,2017年5月将组织北大、北师大、北外、中国红楼梦研究会、中国曹雪芹研究会等中方专家与梵方教皇大学、梵蒂冈博物馆展开系列研讨会与课题合作,推动"一带一路"历史文化研究上台阶、创品牌。

两个研究院在工作中发现虽然"一带一路"倡议的实践已经走在前面,但理论研究尤其是系统理论研究与理论准备明显不足,落后于实践。我们认为"一带一路"倡议是在全球化发展转型期、全球性工业化与现代化步入后发阶段、后工业化与后现代化步入先发阶段、崛起大国与守成大国进入相持阶段、世界经济正在由失序的不平衡走向有序的再平衡过渡阶段等多个特殊时期提出的。面对这样一个特殊时期,既需要有突破的理论思维与主张,也需要表达核心主张的理念阐述、更需要有逻辑的操作方案且要照顾不同主体的真实需求与思维习惯。

基于上述观点,两个研究院提出了由"智库型模式"起步并逐渐过渡到"智库与教学结合模式"的发展思路。一方面通过智库拓展与"一带一路"相关主体尤其是市场主体的紧密互动关系,进一步找准两个研究院的操作性定位;另一方面组织编写"'一带一路'开发研究丛书",聚集研究资源、提出研究思路、创新研究方法、服务战略实施,在此基础上,进一步找准两个研究院的学术定位。与此同时,动员与统筹全校力量、五所交大的协同力量和成都地区、西南地区高校力量,乃至"一带一路"关联地区大学力量和"大交通"关联的全球性力量参与研究与智库活动。

通过两个研究院对"一带一路"倡议的系统研究,我们越来越发现不仅"一带一路"所关联的亚洲、非洲、欧洲尤其是中东欧普遍面临基础设施先行带动的城市化与工业化快捷发展的后发现代化的总体需求,整个美洲包括北美同样存在如此需求。我们注意到伴随中美合作关系的升级,世界性的新基础设施建设高潮即将掀起。

也许它发端于中美两国的基建升级、繁荣于"一带一路"直接推动的亚非欧"世界岛"。

两对新一轮的基建浪潮,在后发现代化国家最重要的表现特征是"大交通"推动的城市化与工业化;在先发现代化国家和地区如美、欧、日等以及中国部分地区,表现特征是"新型大交通"推动的新空间布局与新产业布局。

"大交通"强调依托高铁及城市轨道交通串联形成的城市带、产业带以及在此基础上的特色城镇群与特色产业群;"新型大交通"强调依托磁浮等新型轨道交通实现大都市与特色卫星小镇的快捷连接,重构都市空间格局与新产业布局,除此之外还包括空地一体化新型交通格局带来的"未来城市"的兴建。

由此看来,"新型轨道交通"将是"大交通"与"新型大交通"的基础解决方案,西南交通大学在轨道交通领域的全国性地位乃至全球性地位决定了它的特殊角色。

高铁尤其是时速 300 公里左右的常规高铁,虽然是新型轨道交通的重要组成部分,但它的研发体系和产业体系已基本成熟,交大要做的工作更多的是补充与完善。交大要在升级版的超级高铁,重载铁路,第二代中低速磁浮列车、高温超导磁浮列车等磁浮轨道交通多样化应用,空铁等多制式城市轨道交通,国防特种运输装备,真空管道超高速轨道交通(1000 km+),现代有轨电车、虚拟有轨电车等"新型轨道交通"方面聚集研究力量与市场力量,不仅创中国"双一流"大学,还要创世界第一的"新型轨道交通大学",以此带动交大综合能力的全面成长,用全球性基建高潮的大势推动交大成为国际一流研究型大学与智库型大学。

为了实现上述目标,尤其是在"新型轨道交通"产业体系成型之前,交大不仅要为学术体系的完善发挥独特作用,也要为标准体系的完善发挥关键作用,更要为市场体系的超前布局发挥先锋作用。因此,尽快组织战略投资人一步到位形成大资本介入的"中国新型轨道交通集成集团有限公司"显得尤为重要与迫切。它是学术、科研、产业良性循环的重要一环,在一个全新产业孵化之初,这样的机制更显得尤为必要。

（五）从新基建高潮与轨道交通发展角度

伴随中美合作新格局的来临、"一带一路"倡议的全面实施，一场启动于中美市场、繁荣于"一带一路"市场的全球性基础设施建设高潮即将来临。交通，毫无疑问是先行工程，轨道交通尤其是高铁和城市轨道交通又是先行工程中的先行工程。

中国已经有大大小小的若干行业取得了全球规模与技术的领先优势，在大行业领域取得市场领先优势的还是凤毛麟角，中国高铁与城市轨道交通是我们最自豪的佼佼者，它事实上成了全球有目共睹的中国基础设施建设能力的核心能力。我们的尴尬在于为我们这一产业巨大市场优势做出贡献的主要还是国内市场，而大步走向全球市场才是我们轨道交通产业真正成熟的标致。

我们靠国内规模市场优势做大了产业，但还没有做强，关键问题出在应用研究与基础研究的相对滞后，深层问题又在于研究力量的协同与组织机制的困扰，更深层次的问题在于应对全球竞争、大国竞争到底应该有怎样的产业发展战略与机制保证。

培育优势企业、打造优势产业毫无疑问是国家竞争力战略与新一轮改革发展的关键能力需求与基础能力需求；中国高铁与城市轨道交通因市场规模所积累的丰富经验与综合能力，使其成了市场潜力最大的优势产业和企业集群，这样的综合优势产业相对而言实在太少；它过去的成功，一是靠大胆决策、超前超规模展开、用暂时的亏损换取中国城市化与工业化整体能力的快速提升等巨大综合收益，二是靠产学研资源的系统性长期积累；现在的问题，浅层面看是过于依赖国内市场、进入国际市场依然面临技术经济多项指标的竞争压力，深层次看表现为产业、科研、教育整体协同机制与定位出了问题，基础科研与新技术孵化跟不上市场的变化与需求；市场大势来了，它启动于中美新一轮的基建合作计划，繁荣于"一带一路"基础设施建设的先行；需求来了我们从何下手，只能是一方面尽最大努力抓市场，另一方面抓产业与应用研究能力提升，但这需要一个过程；综合而言，从教育突破相对容易、逻辑也比较顺畅，中国轨道交通教育、科研、产业综合体系离世界第一只差一步，教育水平离第一目标相对更近，教育水平的整体提升必然带来基础研发与新技术孵化的能力跃升，直接推动产业规模优势变成性价比优势、技术优势、品牌优势，全球第一的教育品牌更便于整合各类相关主体与不同阶段的科研资源，有利于突破产学研整体能力的协同性障碍；通过世界第一的轨道交通大学和相关研究体系，带出世界第一的优势产业和企业集群不仅可行且战略意义重大，如此安排"一带一路"倡议与"中美基建合作计划"就能快速取得丰富的早期收获。

二、选题原则与创作力量的组织

在今天看来，"一带一路"倡议既是一套中国发展战略，也是一套全球发展战略。两者之间是一个相辅相成的关系：中国战略必须有清晰的国际逻辑，否则没有操作性；全球战略必须要有一定的中国因素，否则同样操作性不强。中国不仅仅是"一带一路"的倡议者，更是市场要素资源组织的基础环节与关键环节，也是新机制的建构者与新方法的始创者。

选题原则要兼顾理论与理念、政府与市场、经济与技术、工业化与后工业化、现代化与后现代化、全球化与后全球化、经济与社会、历史与文化，还要兼顾宏观与微观、战略与战术、理论与实践、国家与地方，更要兼顾国际与国内、长远与现实、区域与国别、产业与项目、产业与金融、大企业与小企业、金融体系与金融产品、金融市场与资本市场等多方面。要从这些关系中抽象出选题要义，安排好出书计划的时间序列与分类序列。

"'一带一路'开发研究丛书"总体采取命题研究的创作形式，创作力量首先是以西南交通大学为首的大学力量，包括五所交大、成都、四川、西南地区相关高校和北京地区相关高校等，其次是国内外从事相关问题研究的各类专业人士。

我们特别注重寻找相似题目的著作者，由他组织研究力量结合我们的战略意图进行再创作。如此安排不仅有利于快速形成研究成果，更有利于思想碰撞、观点交锋与学术深化。

由于"一带一路"概念本身是一个操作性概念，因此方案策划与设计显得尤为重要，许多选题将采取"研讨会"形式展开，由主创人员邀请相关专家共同研究"方案设计"，这样不仅使其研究成果的应用价值得以大大提升，还方便阅读，方便相关人员依不同角色进行资讯的取舍。

如何创新研究形式与课题创作形式是我们接续关心的重要问题，通过它可以使选题的资讯内涵与价值内涵得到最大化发挥。

"'一带一路'开发研究丛书"的编写过程本身也是西南交通大学"一带一路"开发研究院与西南交通大学"一带一路"历史文化研究院创立、研究力量组织、定位精准、方法论形成、智库品牌创立、超级项目能力形成、超级项目模式建立的过程，也是交大产学研模式升级发展的过程，更是中国"一带一路"倡议完善的过程。

我们希望本套丛书能有效服务整个"一带一路"倡议的深度认知与中国"一带一路"倡议的深化。它重在系统基础上的早期行为推动，也不排除在若干年后通过实践的总结形成第二套丛书。我们希望借此丛书的创作为"实验政治学"、"发展经济学"、"产业经济学"、"公司经济学"、"方案经济学"以及"现代化理论"与"后现代化理论"、"大交通理论"、"文化人类学"与"空间人类学"等学科的理论建设做出贡献，更希望为"一带一路"倡议建构起系统的理论体系。

三、选题分类与计划

"'一带一路'开发研究丛书"按九大类方向进行选题规划：一是核心理论与主张系列，二是总体战略系列，三是大国与域内经济体相关理念与主张系列，四是新理念与行动系列，五是人文历史系列，六是中国改革开放新战略系列，七是中国新市场理念与战略转型系列，八是智库与媒体系列，九是轨道交通系列。

编委会初步拟定了九大类100多个选题方向，主要是便于著作者参考与选择，整个丛书计划控制在100本以内，编委会与著作者在互动中确定最终选题与研究计划和写作提纲，双方取得一致意见后再进行具体的研究与写作工作。

编委会初步拟定的 100 多个参考选题也将在研究深化过程中不断调整与修改，此次提出的如下选题旨在打开研究视野、明确九大分类的逻辑关系，为首批计划的推出建构参照坐标。

（一）核心理论与主张系列

1. 文明与产业：从工业化与现代化走向后工业化与后现代化
2. 新规则：工业文明与后工业文明的胶着与转型
3. 新贸易论：国家间的竞争与改变世界的基础力量
4. 国是与生意：超级项目与超级资本在未来十年将如何改变世界
5. 停滞与繁荣：摆脱政治困扰，迎接新商业力量带来的世界性繁荣
6. 十字路口：新国家为何官僚化以及特朗普可能的再设计与再改变
7. 一千个理由：中美始于现实主义繁盛于新商业主义的战略合作
8. 窗口期：习近平、特朗普可能带来的改变与行进中面临的巨大压力
9. 一带一路：中国经验与中美欧能力结合的后发现代化道路
10. 拥抱：摆脱冷战思维的大国战略
11. 科莫湖：湖边散步，对话美中欧新世界体系
12. 增量再平衡：中美战略对话的全球性议题与机制构想
13. 大交通：从"一带一路"走向人类命运共同体
14. 实践社会主义：在制度竞赛的反省中寻找超越第三条道路的新方向
15. 人类命运共同体：通过经济繁荣导向新普世价值的全球共识

（二）总体战略系列

16. 竞争力报告："一带一路"相关国家与经济体现实能力的总体评价

17. 增长热点：金砖、金钻、灵猫、展望、薄荷、迷雾等概念的研究

18. 全球化与区域贸易协定：五百多个区域贸易协定(RTA)的来龙去脉

19. 超大区域的 RTA：欧盟、APEC、东盟、北美自贸区、TPP、TPIP 等概念研究

20. WTO 波澜起伏：从全球化到再全球化

21. 多国的规划：来自欧洲、亚洲、非洲以及美国的丝路规划方案

22. 总体需求：亚非拉对城市化与工业化的渴望

23. 融合与创新："一带一路"倡议在数百个区域贸易协定基础上的提出

24. 解释"一带一路"：早期实验、正式提出、逐渐成型与相对稳定

25. 战略对接："一带一路"倡议与相关国家战略及区域战略的衔接

26. 新循环体系："一带一路"创造的全球经济新运行格局

27. 世界的试验：后发城市化与工业化的中国经验与教训

28. 新动力与新空间：超级资本推动新兴产业与新生活方式的提前繁荣

29. 收尾与超前：工业化的后发模式与后工业化的先发模式

30. 信风：新一轮全球性基建高潮的来临

31. 世界岛：梦想在大资本时代中美欧合作格局下实现

32. 支撑体系：丝路新时代的节点城市与产业体系

33. 产业分工：联合国的三级工业分类与"一带一路"的分工体系

34. 园区模式：花样繁多的园区概念与中国式的产城融合体

35. 生根开花：中国在"一带一路"超前布局的 80 余个经贸合作区

（三）大国与域内经济体相关理念与主张系列

36. 特朗普新政：保守主义与现实主义的当下立足与新商业主义的未来发展

37. 改造世界的特朗普：问题意识、逻辑力量与方法论

38. 脱欧之后的再定位：英国在欧盟与新欧亚非一体化市场中的再定位

39. 再造优势：德国借助"一带一路"提振欧盟的新思路与新战略

40. 岛国求变：日本在新外交格局下重构一体化市场的理念与方略

41. 新一轮合作：中韩在"一带一路"大市场体系中谋求新合作格局

42. 海陆互动：新加坡在强化海权优势基础上的陆权联盟式扩张

43. 华丽转身：中东石油大国在"一带一路"机遇下的战略转型

44. 印度：寻求深度认知与理解，探寻全面结构性合作

45. 欧洲图强："一带一路"理念下的东进战略与欧亚非市场共同体

46. 欧亚非经济联盟："一带一路"倡议作为手段与目的

47. 亚洲共进论：区域与次区域共同市场带来的亚洲繁荣

（四）新理念与行动系列

48. 国别经济："一带一路"倡议实施的认知前提与基本能力

49. 产业经济："一带一路"倡议实施的关键环节与核心动力

50. 区域共同市场：后全球化过渡期的市场特性与趋势前瞻

51. 新图景：区域共同市场与主体功能区

52. 经济地理革命："一带一路"串起的区域共同市场体系

53. 不确定中的求索：国际货币太阳系的瓦解与新体系的建构

54. 人民币国际化：从贸易货币、投融资货币走向储备货币

55. 亚投行：全球开发性金融的新角色与新模式

56. 丝路基金：中国由贸易大国向投资大国转型的引导性基金

57. 并驾齐驱：贸易与航运的波罗地海指数与海上丝路指数

58. 新模式：中美欧高科技合作1.0与2.0互动机制

59. 六大走廊：概念性规划基础上的深度研究

60. 第三欧亚大陆桥：穿越亚洲人口密集地区连接中欧的新通道

61. 捷径：北极航线、克拉地峡运河等海上丝路新通道构想

62. 哑铃战略：十余趟中欧班列连接两个扇面的城市群与产业群

63. 管道丝路：中国与俄缅哈土等国油气管道创造的新开发模式

64. 东西方之桥：土耳其在"一带一路"倡议中的重新定位

65. 比雷埃夫斯港：海上丝路港城连接的中东欧新通道

66. 科伦坡再造：海上丝路中转大港的新发展计划

67. 中白工业园：白俄罗斯的新中心城市与丝路明珠

68. 苏伊士新区：中埃合作的新型经贸合作区与海上丝路的节点城市

69. 瓜达尔港城：一个面向三个大市场的超级工业基地与商贸大城

70. 先走一步：中国在非洲的基建与产业发展

71. 雅达瓦伦油田：中国超级油田海外合作的里程碑

72. 印度钢铁：崛起大国的钢铁产业快发之路与后发之路的双轮驱动

73. 班加罗尔：软件产业聚集区与中国互动的互联网+

74. 有机农业：远东布局的生产基地和全球市场

75. 台湾价值：超级项目合作重塑两岸关系

76. 巴拉望的后现代生活：与增长中心配套的热带海滩度假城与非现场工作基地

（五）人文历史系列

77. 曾经的辉煌：东西方商路连接的古丝绸文明

78. 大航海时代：洲域经济的交流与早期的全球化

79. 从历史走来：始于《中国》的西方关于中国的描述

80. 西方视野的中国：大历史、大文化与大战略的观察

81. 丝路传奇：千百年来西方人的丝路著述与故事

82. 历史的拐点：中国在世界交往中的失落

83. 盛宴：中国艺术在古丝路的辉煌与新丝路的繁盛

84. 梵蒂冈使臣：罗马在东西文化交流中的历史角色与未来设想

85. 大历史定位："一带一路"倡议的历史延续与未来穿越

86. 横断山总体价值论：建构地球终极资源与全人类明天需求间的大逻辑框架

87. 第三空间浪潮：透过若干经典案例解构建构空间人类学

88. 伊甸园：大香格里拉的后现代憧憬

89. 腾冲：古丝路历史文化要冲与新丝路的重新定位

90. 生活大国：四川的尝试与即将到来的中国新战略

91. 艺术的胜利：重庆都市调性的改造与竞争力的勃发

92. 复兴邻里社会：智慧城市与中小微企业新发展浪潮带来的社会变革

（六）中国改革开放新战略系列

93. 第二轮开放：对外求和与对内求变的新战略

94. 愿景与行动："一带一路"倡议的多角度解读

95. 冷思考："一带一路"深层问题与关键问题梳理及求解

96. 战略定力：中国策略的宏微观梳理与系统执行

97. 创新驱动：内外市场互动的创新机制与模式

98. 循环递进："一带一路"倡议创造的内外市场及大中小企业协同发展的新契机

99. 早期收获："一带一路"倡议的有感化与阶段性递进

100. 企业生态：良性发展的基础与深化改革的关键

101. 工业强国：增量再平衡全球机制下中国制造业的转型升级

102. 并非夸大的使命：中国商业力量的成长与未来使命

103. 新亮点：口岸贸易与自由贸易区

104. 利益维护：中国"一带一路"倡议下的海外利益维护

105. 海外中国：中国跨境投资的现状与未来战略

106. 华人血脉："一带一路"华侨资本的关键作用与利益安排

（七）中国新市场理念与战略转型系列

107. 第一战略：推动优势产业冲击第一目标与市场覆盖

108. 并购与整合：中国制造业升级的价值再造与战略重组

109. 战略投资：时髦概念背后的深层功夫与系统能力

110. 机会投资：战略理念与能力支撑下的短线投资

111. 平台公司：多元化的实践与逐渐清晰的能力特征

112. 全球并购：躁动下的冷思考与趋势前瞻

113. 新央企：政治定位清晰后的市场行动

114. 改造与担待：中国上市公司与机构投资人的非常使命

115. 企业家：一个价值被忽略的特殊阶层与关键力量

116. 资本聚集："一带一路"超级项目导向的中国证券市场改革

117. 资本时代："一带一路"开启的中国跨境投资新天地

118. 聚变：郑州如何由超级货运空港演变为航空大都市

119. 于家堡：一个为京津冀融合发展和"一带一路"国别总部而定制的未来城市

120. 发现新疆：双经济走廊概念与超级项目聚集的循环递进

121. 双主题战略：云南在大通道与新生活中央高地两大概念下的再定位

122. 两洋通道：云南如何做好第三欧亚大陆桥与泛亚通道的大文章

123. 深圳谋变：基于现状与可能背景下的超级项目都会

124. 大湾区：新全球经济格局下粤港澳的再定位与一体化

125. 重庆战略力：国企与民企两个战略平台的双轮驱动

126. 多元中关村：欧美日俄以等国多点布局的超级项目孵化基地

127. 智慧城市：以非现场工作为基础的智慧化改造与不断升级

128. 大湾区的香港：在"一带一路"倡议下诉求金融深化与服务贸易升级

129. 装备制造业："一带一路"上的升级版与内外市场的互动

130. 服务贸易："一带一路"倡议下的内外市场联动与大布局

（八）智库与媒体系列

131. 力量的整合：中国与"一带一路"相关研究力量的价值发现与重组

132. 中国丝路开发研究基金会："一带一路"倡议门户型智库的价值主张与方案设计

133. 峨眉论坛：面向"一带一路"的开放论坛与新型国际组织

134. 峨眉论坛大学：创新组织模式与教学模式的"一带一路"国际人才培训基地

135. 超级项目论：中国在后全球化过渡期的非常机遇与方法

136. 超级项目前期："一带一路"倡议系统推进的关键能力

137. 超级项目智库：政产学融合的前期孵化机制与绿色通道

138. 开发性金融："一带一路"创造的新模式与新空间

139. 顶层智力：全国政协精英人才在"一带一路"基础研究上的价值最优化

140. 战略精英：复合型人才在非常时期的非常作用

141. 智力丝绸之路："一带一路"沿线的大学合作

142. 再出发：面对国家总体竞争力与战略安排的高校改革

143. 全球战略（华盛顿）研究院：设计中美欧如何联合创办新型智库

144. 丝路传媒集团："一带一路"全域布局的新媒体集团方案设计

145. 丝路通讯社："一带一路"全域布局的新模式通讯社方案设计

（九）轨道交通系列

146. 轨道交通：昨天的辉煌、今天的重任、明天的浪漫

147. 高铁主义：轨道交通与公路网络的良治后发模式

148. 新型轨道交通：现代化国家与地区交通能力提升的新选择

149. 轨道交通：全系列的中国制造与超级项目模式的中国投资

150. 泛亚铁路：交通体系联动区域共同市场的城市群和产业带

前言 *preface*

自第二次世界大战结束以来，经济全球化进程在技术进步浪潮的推动下极大地促进了经济增长在全球范围内的扩展。特别是中国，作为最大的发展中经济体，自1978年开始市场取向的改革以来，取得了巨大的经济增长绩效。而以美国为代表的发达国家成熟市场经济体，同样在这一传统国际经济格局中获得了经济发展的动力。可以说，在很长一段历史实践中，虽然也有相应的代价，但整体而言，以经济全球化为基本导向的传统国际经济格局实现了福利经济学所言的"帕累托改进"。

但近年来，随着全球经济金融危机的爆发及其余波难平，人们开始越来越深刻地认识到：这一传统格局在运行了大半个世纪以后，已经在实体经济、货币经济、收入分配等诸多重大领域积累了深层次的失衡问题，如无有效的、能为主要利益攸关方所体认、接受和推动的"再平衡机制"设计与实施，则未来全球经济增长将面临越来越多的问题。鉴于此现实问题，本书试图通过经济学、社会学、历史学等多学科的方法论应用，在充分考量全球经济发展现实背景的基础上，就如何有效实现"增量再平衡"提供初步的理论探讨。

本书的内容大致可分为以下几个部分：

第一部分：基础概念的界定和全书研究所依赖的方法论选择说明（详见第一章）。

第二部分：从实体经济、货币经济、收入分配三个主要角度就失衡与再平衡问题进行理论剖析（详见第二章、第三章、第四章），并结合现实国际政治经济局势的发展，探讨全球化的前景（详见第五章）。

第三部分：以中美两个最大的经济体为重点，分析中美战略对话这一重要机制在"增量再平衡"的国际合作中业已和可以进一步发挥的作用（详见第六章、第七章），并最终从中国的战略优势出发，探讨了以超级项目为现实抓手，推动"增量再平衡"的初步构思（详见第八章）。

全书由西南交通大学傅浩完成。在撰写过程中，编委会全体成员多次就本书的结构、内容、材料选择等进行了讨论，两名匿名审稿专家也提出了精当的修改意见，在此向编委会各位专家深致谢意。

作　者

2017 年 1 月

目录

第一章 导论 ……………………………………001

 第一节 问题的缘起与界定 ……………………001

 第二节 方法的选择与界定 ……………………010

 第三节 既有的战略实践与理论研究综述 ……017

第二章 实体经济的全球失衡与增量再平衡 ……025

 第一节 全球失衡：国际分工视角的

    历史回溯与分析 ………………………028

 第二节 全球失衡：基于劳动生产率的

    历史回溯与分析 ………………………041

第三章 货币经济的失衡与增量再平衡 …………055

 第一节 国际货币体系的发展沿革 ……………056

第二节　国际货币体系的失衡与再平衡 ·············· 062

第三节　英国脱欧与欧洲的失衡 ·············· 068

第四章　收入分配的失衡与增量再平衡 ·············· 075

第一节　包容性增长：一个理论切入点 ·············· 076

第二节　全球化进程中收入分配的现实分析 ·············· 083

第三节　全球化背景下收入分配中的

结构性非均衡问题 ·············· 087

第五章　全球性失衡的终极影响：

全球化会逆转么？ ·············· 097

第一节　2016年欧美出现逆全球化倾向 ·············· 097

第二节　逆全球化的原因分析 ·············· 101

第三节　逆全球化可能进一步发展：

一系列预警信号 ·············· 105

第六章　中美战略对话：发展、现状与战略基础 ·············· 117

第一节　有关战略分析基础概念的界定 ·············· 117

第二节　美国的国家战略及其面临的冲击 ·············· 119

第三节　中国的国家战略及其方向性选择 ·············· 126

第四节　中美战略对话的建立与发展 ·············· 130

第七章　增量再平衡：解决全球性失衡的中美战略
　　　　议题与解决方案 …………………………………136

　　第一节　中美战略对话对两国关系的积极影响 …………136
　　第二节　中美战略对话机制进一步深化发展的方向 ……141
　　第三节　基于中美两国国家利益的增量
　　　　　　再平衡机制构想 ………………………………146

第八章　增量再平衡的现实抓手：超级项目的构思与
　　　　既有案例分析 ……………………………………153

　　第一节　超级工程：中国工业化快速进程的独特
　　　　　　模式与经验积累 ………………………………156
　　第二节　"超级项目"：技术经济统筹的总体竞争力
　　　　　　呈现与系统资源整合的基本方式 ……………159
　　第三节　"超级项目"：从国内外经典案例抽象特质结合
　　　　　　中国实际进行定义 ……………………………161
　　第四节　作为增量再平衡抓手的"超级项目"的
　　　　　　若干运作要素探索 ……………………………189

主要参考文献 …………………………………………………200

后　　记 ………………………………………………………202

第一章 导 论

第一节 问题的缘起与界定

一、全球经济失衡与增长减速

自 2008 年发端于美国的经济金融危机在全球范围内蔓延以来,虽然美国经济已有初步企稳之迹象,但欧盟、日本等其他主要发达经济体仍陷于持续走低的境地,且美国、日本等经济体都出现经济周期波动"微分化"①的明显迹象。而在此前很长一段时间内,作为全球经济增长重要动力源的新兴市场国家,俄罗斯、巴西等资源型国家受国际大宗商品市场价格持续暴跌的影响,经济发展也步履维艰。虽然中国、印度等国家仍维持了相对较高的经济增长速度,但频繁无序变动的周期数据导致长期经济决策更加困难,高企的不确定性使 2008 年以来风险偏好显著下降的企业家们对于扩大投资或者削减开支犹豫不决,这在很大程度上对宏观经济的复苏产生了负面拖累。

---

① 所谓经济周期波动的微分化,是指全球经济在 20 世纪 90 年代以来出现的较传统经济周期时间相对缩短、振幅相对下降的周期特征。

鉴于近年来错综复杂的全球经济运行走势，2005年由时任 IMF 总裁 R. Rato 所提出的全球失衡（global imbalance）这一判断近年来在政界、商界和学界引起了越来越多的讨论。一般认为，自第二次世界大战结束以后形成的"以美元为全球货币，美国以贸易和财政赤字的方式向全球其他经济体提供购买力，后发经济体由此发展外向型制造业"的传统模式在成功运作推动全球经济长波增长（尤以东亚地区为代表）半个多世纪以后，长期积累的贸易失衡、储蓄—消费失衡、财富分配失衡、资源拥有—消耗失衡、财富分配与社会发展失衡等诸多矛盾开始集中暴露，导致原有的增长格局无以为继，最终形成所谓的"全球失衡"并愈演愈烈，而对失衡修正——如何在各种复杂约束下实现再平衡，成为亟待解决的世界性问题。2016年10月，IMF 决策机构国际货币与金融委员会（IMFC）秋季年会发布公报明确指出：全球经济复苏依然缓慢且不均衡，不仅需求复苏欲振乏力，而且部分产业（如高新技术产业）存在供给缺口；与危机前相比，国际贸易、各经济体的境内与跨境投资，以及劳动生产率的增长均不同程度地减速；国际政治和金融风险则在不断增加。受以上负面因素叠加的影响，全球经济前景在危机爆发近十年后仍然持续低迷，无论是传统经济学理论高度关注的潜在 GDP 增长率，还是近年来被决策层、理论界，乃至社会普罗大众所更多关注的包容性增长空间均不容乐观。而就主要经济体的发展态势看，发达国家生产率的增长整体尚处于减速阶段，且各种后危机时代的遗留问题仍有待解决；以"金砖国家"为代表的新兴市场经济体则正致力于应对复杂的结构性调整；大宗商品价格下跌则对资源出口国造成影响。[①] 按照 IMF《世界经济展望报告》的预测，不确定性和下行风险高企导致 2016 年全球经济增长速度将降低到 2010 年以来的最低水平（3.1%），且预计在 2017 年仅能实现小幅回升。[②] 从以上明显趋于谨慎的判断可见，在未来可预见的一段时间中，传统国际格局失衡长期积累的高杠杆与过度创新等所引发的金融风险、产能过剩与贸易不均衡等所引发的实体经济风险、收入在不同经济体与不同社会阶层间分配不均所引发的社会风险，乃至在再平衡过程中可能爆发的地缘政治风险……上述各种风险的应对策略与国际合作机制选择，不仅是当前亟待解决的重大现实实践问题，在很大程度上还可能是未来相当长一段时间的实践问题。

二、中国何为？

按照最早提出"全球失衡"的 R. Rato 主要从国际经济角度来定义："全球失衡是这样一种现象：一国拥有大量贸易赤字，而与该国贸易赤字相对应的贸易盈余则集中在其他一些国家。"对应当下国际经济形势，这意味着失衡问题最突出和集中地体现在美国

---

① 相关细节详见 IMF 官网的会议简报，http://www.imf.org/en/news/articles/2016/10/08/am16-cm100816-communique-of-the-thirty-fourth-meeting-of-the-imfc。

② 报告文稿详见 http://www.imf.org/external/pubs/ft/weo/2016/02/。

(作为主要的赤字提供方)和中国(作为主要的盈余获得方)这两个具有全球影响的当今全球第一大和第二大经济体之间。而国际经济的失衡现状以及构建再平衡机制的迫切要求，则意味着这一已经持续三十余年的国际贸易、分工与金融体系有进行巨大调整的需要。众所周知，中国在过去三十余年市场取向的改革开放进程中，事实上从上述国际贸易、分工与金融体系中获益良多，这个体系的任何改变，都会对中国的国家利益产生显著的影响。因此，如何应对，是当下中国政府、学界、商界乃至社会公众都集中关心的问题。

　　换言之，失衡及再平衡的过程对于中国这个经济外向化程度极高、且正面临经济结构调整历史性任务的世界第二大经济体提出了全新的挑战。如果说中国在过去三十余年时间的国际经济制度安排中主要扮演追随者(上述长波增长周期肇始于20世纪40年代后期，中国在1978年改革开放以后方开始介入)和受益方(自1978年改革开放至今，中国通过积极主动参与上述体系，依托劳动力成本的优势吸引巨额海外资本流入，以产品输出的方式成功成长为全球第二大经济体、制造业第一大国、外汇储备第一大国，不仅在纺织工业、消费电子产业、基础设施建设等传统产业领域早已确立了市场龙头的地位，近年来甚至在以高铁、核电、特高压输变电技术等为代表的若干新兴战略产业中也已初步成长为全球产业领袖)的角色，而在目前的全球增长格局中则需要逐步转变为主要领导者之一和利益分享（输出）方之一。简言之，第二次世界大战以后迄今为止所形成的国际经济格局是由美国主导安排所形成，而鉴于美国经济实力的相对下降（据估算，1945年第二次世界大战结束时美国GDP在全球GDP的占比高达40%以上，而2015年这一比例已下降到25%以下）和以中国、印度、巴西为代表的新兴市场经济体经济实力的快速成长（按照IMF的最新报告，中国、巴西、印度已分别排全球GDP的第二位、第七位和第九位），上述传统国际经济制度安排已经越来越难以适应现有的国际经济格局发展形势，事实上其已成为现有国际经济失衡的深层次根源。我们认为，考虑到中国在全球资源市场和产品市场业已形成的市场地位，从追随者到主要领导者之一、从受益方到利益分享方的两个转变，不仅是中国经济社会发展水平成长到现阶段所需要承担的国际经济合作义务的自然体现，也是中国经济在产能、资金、技术和制度等方面充分发挥既有优势，进一步确立在未来相当长一段时间内全球经济增长"火车头"地位的必然要求。

尤其值得一提的是，2016年IMF在最新的《世界经济展望报告》中，即以专章讨论"中国转型与移民的溢出效应"，明确提出以下观点：中国经济的平稳和发展具有全球性影响，尤其对能源和产品出口国、全球金融市场都有巨大的溢出效应，承担着全球经济的"基石"作用。① 从这个角度看，中国进一步作为全球增长"火车头"，不仅是中国社会的自我期许，更是国际社会在面临复杂的现实经济困境下的普遍期望。

显然，要实现"从追随者到主要领导者之一、从受益方到利益分享方"的两个转变，虽然是中国经济实力发展的题中应有之义，但无疑意味着原有国际经济格局安排的重大改变，可能受到原有制度安排中各利益攸关方的高度关注、怀疑乃至各种杯葛。要有效化解可能面临的各方面的各种疑虑误解，则需要我们为中国所倡导的未来国际经济格局提供能为全球各方所理解、体认和接受的理论阐述。简言之，按照马克斯·韦伯（Max Weber）②的观点："要想考察任何有意义的人类行为的根本成分，首先应从'目的'和'手段'这两个范畴入手。"在新的国际经济格局构建过程中，中国同样需要通过一个完整的理论阐述，很好地解释其目的和手段——"这个新格局能够为世界带来什么（目的）；这个新格局将通过什么方式构建（手段）"。

毋庸讳言，作为新兴大国的中国，要在这轮复杂的再平衡进程中有效地兼顾国家利益和国际义务，就需要完整地构建出逻辑

---

① 该章报告题目为《Spillovers from Migration and China's Transition（移民与中国转型的溢出）》，全文见 http://www.imf.org/en/News/Articles/2016/09/26/AM16-NA270916-Spillovers-from-Chinas-transition-and-migration。

② 马克斯·韦伯（Max Weber，1964—1920），德国著名社会学家、政治学和哲学家，被公认为现代社会学最重要的创始人之一。

自洽的理论阐述，并为全球各方理解、体认与接收。这个理论阐述的构建，既是一个庞大的理论工程，更是一个庞大的历史实践。鉴于涉及全球不同类型、不同发展阶段的各经济体（均为利益攸关方），涉及各国政府、各国际经济组织以及大量企业乃至个人（同样是利益攸关方），涉及金融经济和实体经济的各个部门，因此本书的初步研究将首先以理论框架的构建为主线，通过选择科学的方法论，为全书的研究提供有效的方法论支持和指导，进而展开对全球失衡与再平衡问题的多维度分析，力求探寻其（主要是经济层面的）发展逻辑与解决对策。最终，本书将借鉴发展经济学中的雁型模式探讨和阐述本书的一个基本观点——中国可以将基于充分国际合作的"超级项目"作为解决当前全球经济失衡问题的手段（之一），以实现全球经济的再平衡。

需要说明的是，我们之所以将本书所集中分析的再平衡机制定义为"增量再平衡"，是基于本书采用"历史—比较研究"这一方法论（详见下节）进行梳理后发现，全球性战略格局的完全更替，需要数十年甚至几个世纪的漫长演进。以英国主导的全球体系被美国主导的全球体系代替为例，众所周知，自1776年《独立宣言》发表之后，美国凭借其优越的要素禀赋（广袤的土地、优良的自然资源、源源不断的高质量外来移民等）、稳定的国内局势（除南北战争外即再无内战，一直保证了法统的延续），加之远离欧洲大陆的纷争与战火,其经济发展可谓具有若干得天独厚之优势。但即使如此,美国自建国之后近120年的发展才初步在若干国民收入指标上超过了英伦三岛,而最终取代英国全球经济第一的地位。彻底建立以美国为主导的国际战略格局,则迟至20世纪40~50年代随着美元成为国际货币和英国的庞大海外殖民体系崩溃。换言之,在工业化、全球化以后唯一的一次国际格局的彻底转换,从以英国面临新兴大国的直接竞争挑战(欧洲史研究的一般观点认为工业革命以降是德国最早开始真正挑战英国的主导地位,其时间大致在1870年德国统一以后)开始,到英国最终守成失败,花费了近80年时间;而如果从美国独立算起到最终取代英国的主导地位,则花费了约180年时间。从这个角度看,现有的第二次世界大战结束以来所形成的以美国为主导的国际格局,虽然期间也曾经受到苏联、日本等经济体的挑战,但整体而言尚无任何一个经济体能够达到19世纪末期的德国、20世纪40年代之后的美国对守成的英国曾经达到的竞争压力,而中国的大国崛起进程,即使以1978年开始改革开放进程为起点,迄今为止也仅延续了不到40年。因此,本书将未来以美国、中国两大经济体通过全面战略对话所实现的"再平衡"机制,定义为"增量再平衡",以强调在当前的现实环境下无论是美国还是作为新兴大国的中国,都没有对原有格局进行"颠覆性"改变的意愿。之所以形成这个基础判断,不仅是基于中美两国国家利益取向的理由：中美事实上被公认为过去30余年在传统格局中获益最大的两个经济体（从结果上即体现为中国在过去三十年的高速成长，以及美国在所有发达国家成熟市场经济体中相对健康的宏观经济态势①），而且是中美两国领导人所确定的"新型大国关系"的内涵即"不冲突不对抗，相互尊重，合作共赢"。显然，在国际经济格局上，这一"合作共赢"可视为在维持原有基础性框架的前提下，双方对作为"存量"的彼此传统核心利益有足够的尊重和照顾，而更多地致力于推动广泛的国际合作以实现"增量再平衡"。我们认为，这不仅对于解决当下的国际经济"失衡"问题具有重要的现实意义——从经济学的角度看，显然"边际"意义上的改进会比全面的基础性"颠覆"更具现实的可操作性与可接受性②，甚至可望为解决中美之间的所谓"修昔底德陷阱"③问题提供战略缓冲。

---

① 以最近两年的GDP增长率看，2014、2015年美国均为2.43%；欧盟分别为1.4%和1.9%，日本分别-0.03%和0.47%。其中，美国、日本的数据来自世界银行数据库，欧盟数据来自欧盟官网。
② 这里所说的"增量"或"边际"意义上的改进并不排斥在未来取得普遍的全球共识的基础上对现有格局进行整体"颠覆"的可能，而是强调在现阶段主要的利益攸关方（如本书所集中分析的中美两大经济体）仍有广阔合作空间与合作意愿的背景下通过增量再平衡实现边际意义的改进的现实空间。
③ "修昔底德陷阱"是由哈佛大学教授Graham Allison提出的一个概念，用以描述新兴大国对守成大国进行全面挑战所引发的结构性乃至全局性紧张关系。

第二节　方法的选择与界定

本书的研究,系针对在全球失衡背景下实现再平衡的初步探索。由于当前所面临的失衡是 1940—1990 年(第二次世界大战结束以后直至冷战结束)以来长期形成的国际政治、经济、社会发展等领域的原有体制安排的全方位失衡①(详见下文),因此本书将综合应用国际政治、国际战略、宏观经济学等学科的理论研究工具展开分析。而在基本的方法论取向上,将主要采用"历史—比较研究"(historical-comparative studies)、"宏观结构引导的机制研究"(macrostructure informed, mechanism based study)等研究方法。

一、研究方法之一：历史—比较研究

在社会科学研究领域,早在前实证主义研究阶段即已出现的传统历史主义研究方法曾对经济学、社会学等多个学科产生过重要影响,从李斯特②的德国历史学派到马克斯·韦伯的社会学均是对历史主义研究方法的自觉应用。虽然传统的历史主义研究方

---

① 这一失衡甚至已经扩展到国际文化交流领域,一个典型的大众流行文化领域的例证是：当国际社会一直在警惕以好莱坞为代表的美式电影文化对全球市场长期占领的同时,近年来美国则开始讨论中国市场对好莱坞所产生的影响,相关讨论参见《洛杉矶时报》http://www.latimes.com/opinion/op-ed/la-oe-daly-hollywood-20161007-snap-story.html。

② 李斯特(Georg Friedrich List, 1789—1846),德国经济学家,旧历史学派最重要的领军人物。

法在20世纪中叶受到实证主义研究方法的巨大冲击,但自1970年代开始复兴的"历史—比较研究"致力于通过对国家建构、体制选择等宏观变量的分析研究以进行具有显著"宏大叙事"特征的比较研究(其代表性成果如经济学领域的福格尔(1974)、诺斯(1981)等学者的研究,政治学领域的埃文斯、鲁斯迈耶和斯考切波(2009)的系列研究),这一研究方法承袭了卡尔·波兰尼(K. Polanyi)[①]、亚历山大·格申克龙(A. Gerschenkron)[②]、巴灵顿·摩尔(B. Moore)[③]等社会科学大师开创的学术传统,使基于历史比较的宏观研究赢得了空前的关注。虽然20世纪80年代末期社会科学领域开始出现"文化转向",类似国家、阶级等总体性概念的中心地位开始被"话语""文化""意义网络"等取代,但这一转向在近年来受到了越来越多的反思[④],学术界开始重拾"历史—比较研究"。

就本书的研究内容看,我们将致力于就以下三个相互关联的问题展开讨论:

[①] 卡尔·波兰尼(Karl Polanyi, 1886—1964),20世纪著名的哲学家、政治经济学家,先后任教于牛津大学、伦敦大学。

[②] 亚历山大·格申克龙(Alexander Gerschenkron, 1904—1978),20世纪西方著名的经济史专家,曾先后在奥地利经济周期研究所、加州大学伯克利分校、美联储任职,1948年后任哈佛大学教授。

[③] 巴林顿·摩尔(Barrington Moore Jr. 1913—2005),美国著名历史学家、社会学家和比较政治学家,先后任教于芝加哥大学和哈佛大学,创立了影响深远的巴林顿·摩尔学派。

[④] 芝加哥大学政治学和历史学教授休厄尔(W. Sewell)甚至批评在文化转向后的社会科学放弃了对宏观变迁的探索(休厄尔,2013)。

首先，当今被人们所大量讨论的全球失衡表现为什么样的总体模式（overarching patterns）？这一模式在何时开始形成？又因为什么内在的原因被反复强化与蔓延？

其次，基于对当下所面临的失衡问题的认识研判，为解决全球失衡而进行的再平衡机制的设计。

最后，作为具有全球性影响的中美两个大国在再平衡进程中可以发挥的若干作用。

显然，以上三个问题均需要在足够的历史和空间尺度上展开讨论。由于失衡及其未来的再平衡，特别是全球化背景下的失衡与再平衡，在很大程度上无法从精致的实证主义的角度展开研究，因此我们选择"历史—比较研究"作为基础的方法取向。

二、研究方法之二：宏观结构引导的机制研究

鉴于以上三个问题的宏观属性，全书将采用"宏观结构引导的机制研究"（macrostructure informed, mechanism based study）作为具体的研究方法论取向。我们认为，就本书的研究内容看，以上方法论选择有两个方面的适用性。

首先，本书的研究，属于典型的应用性对策研究，因此研究的价值和重点均应落脚于再平衡"机制"，以及作为本书所选择的中美两个大国在相关机制中所承担的国际责任及实施策略（换言之，即三大问题中的后两个）。这里所说的"机制"，即一组具体

的在一定时空和社会结构中发挥作用的因果关系之总和。由于所设计的机制需要考虑当下时空与世界战略结构的约束,因此较一般理论更容易在实证层面被实施,并进而证实或证伪。就本书所集中研究的失衡与再平衡问题而言,无论是全球性失衡问题的存在及其影响,还是实施再平衡的必要性及紧迫性,均已成为国内外决策层和理论界的普遍共识,在此背景下,需要将研究的重心进一步放在为"解决问题"提供支持和参考的机制设计之上。简言之,鉴于全球失衡的基本结构已经趋于"稳定",对失衡状态的全球共识已经达成,则对于再平衡机制的追索与"发明",应当成为目前研究的核心。

在下文的研究中,我们将全球失衡划分为实体经济的失衡、货币经济的失衡、收入分配与社会发展的失衡、传统国际政治格局的失衡等几个主要的方面并分别展开探讨。[①] 换言之,可以将全球失衡格局视为由实体经济、货币经济、收入分配与社会发展、传统国际政治格局等各个部分(的失衡)所共同构成的一个系统,各部分(的失衡)已经多年的发展形成了非经外力无法自我纠偏的相对稳定关系。借鉴默顿(R. K. Merton)[②] 的结构功能主义理论,我们

---

① 事实上,在信息产生和传播、知识生产等方面也存在明显的失衡问题,但本书不拟进行全面的分析,因此对其他领域的失衡暂不做涉及,而留待未来进一步研究。
② 默顿(Robert King Merton,1910—2003),著名美国社会学家,继帕森斯之后结构功能主义的又一位杰出代表,他在批判帕森斯的理论过程中建立起来的经验功能主义,被誉为最精致圆熟的功能主义。

所进行的有关失衡问题与再平衡机制的研究，包括以下 7 个方面：

（1）确定对全球失衡与再平衡影响重大的经济体（即利益攸关方，以中国、美国为代表，分别将之视为新兴大国和守成大国的典型）；

（2）确定各利益攸关方在再平衡过程中的主观意图（动机、目的）及其前因后果；

（3）失衡与再平衡对各利益攸关方的客观效果，尤其要区分正面与负面影响、显性与隐性影响；

（4）失衡与再平衡对各利益攸关方中不同阶层的影响；

（5）再平衡机制发挥作用的约束条件；

（6）再平衡机制发挥作用的动态过程与相应的全球变迁；

（7）通过比较研究预测再平衡机制的长期效果。

需要强调的是，回顾既有文献，正如郦菁（2016）指出的那样：" 在大多数的 ' 机制 ' 研究中，' 背景 ' 或者说 ' 结构 '，大都被遗忘或刻意隐匿，甚或当作不经反思的研究起点。"例如，帕特南（R. Putnam）[①] 在政治学领域的研究中提出了一个看似合理的机制：由于电视的普及和妇女进入职场，社会组织（如社区组织）解体和政治参与度下降，从而将最终使 " 托克维尔式 " 的市民社会趋于衰落（帕特南，2011）。但我们显然可以很容易找到反例，如丹麦、挪威、瑞典等国的社会组织同样在 20 世纪中期开始受到

---

① 帕特南（R. Putnam，1941—），美国著名政治学家，哈佛大学教授。

电视普及和女性就业率上升的影响,但由于这些国家在政治结构、国家-社会关系上同步调适,对女性就业有适当制度安排,从而其社会组织并未出现解体的危机,政治参与度不降反升。以上正反两个现实的例证充分显示:"一定的机制只在特定的'背景'或'结构'中起作用,而结构的多元必然导致机制开展的多重路径。"鉴于本书所集中讨论的失衡问题与再平衡机制构建所带有极强的现实指向,因此我们所探讨的再平衡机制需要基于对失衡的现实背景和结构特征的充分把握进行展开。

此外,"宏观结构引导的机制研究"的另一个方法论意向在于:既要考察实体经济、货币经济、收入分配与社会发展等领域独立的再平衡机制,又需要探究上述不同领域、不同层面的机制如何发挥期望的作用,机制之间的相互关系(如互动、溢出等),从而如何重塑未来的世界政治、经济与社会结构,最终可能整合出什么样的总体模式(pattern)。

综上所述,本书所使用的"机制""宏观结构"和基于中美两个大国战略对话(初步)构建的再平衡模式(系统解决方案)之间的关系可定义如下:再平衡机制嵌入现有特定的失衡结构中展开因果关系,包括经济、政治、社会组织在内的多层次机制在结构中纠缠、互动,共同作用,最终形成长期稳定的模式——"系统解决方案"。当然,需要再次强调的是,由于本书所集中分析的现实"失衡"集中于实体经济的失衡、货币经济的失衡、收入分配与社会发展的失衡、传统国际政治格局的失衡等几个主要的方面，而对知识生产、信息创造与传播等领域的失衡暂付阙如，因此这一"系统解决方案"也更多地集中于这几个方面。

本书所集中研究的增量再平衡问题，就其本质而言首先是一个现实问题而非理论问题。具体而言，在传统经济学理论中，更多使用的是与"平衡（balance）"接近的"均衡（equilibrium）"概念，古典经济学家很早即从物理学中借用均衡一词，说明当市场需求等于供给时的市场出清状态。由于均衡分析在数学上容易求解，瓦尔拉斯（Walas）一般均衡甚至成为古典经济学的核心定理，因此自古典经济学时代以降，"均衡"及其形成机制即成为经济学集中研究的问题。即使在20世纪80年代前后出现的非（瓦尔拉斯）均衡学派也仍然是一种广义的均衡。相对于贯穿经济学理论研究的均衡，"平衡"这一概念则缺乏严格的界定，更多是一个大众传播中的词汇。但鉴于有关"失衡（imbalance）"与"再平衡（rebalance）"这组概念已被广泛地搭配使用，因此本书作为应用性研究仍继续沿用。

综上所述，整体而言，本书拟通过"历史－比较研究"和"宏观结构引导的机制研究"这两种方法的综合运用，力图达至两方面的目标。

（1）对于全球失衡的历史情境和宏观结构的充分发掘，为最终的再平衡机制与系统解决方案提供基础支持。众所周知，传统社会科学研究往往被诟病"忽略（历史与现实的）情境和结构"。

我们希望通过这一方法的尝试，既能够对全球失衡的宏观因果分析（macro-causal analysis）进行分析，又可进一步对与这一宏大问题相关的经济学、政治学、社会学理论进行平行展示（parallel demonstration）和综合，从多个学科为再平衡机制与系统解决方案提供支持。

（2）基于上述系统解决方案的设计，重点立足于中国作为新兴的、具有发挥全球性影响的能力和意愿的大国，探讨前述再平衡机制的"入局破题"手段。本书的研究认为，探讨如何将自己在过去三十余年市场取向改革中积累的巨大的基建能力、工业制造能力、项目管理能力，乃至技术研发能力进行全球范围内的系统传递与全面协作，为新的国际经济格局提供推动力。

第三节 既有的战略实践与理论研究综述

一、战略实践

2016年6月，第八轮中美战略与经济对话和第七轮中美人文交流高层磋商闭幕，中国国务委员杨洁篪和美国国务卿克里（John Kerry）作为中美双方高层就此次战略对话成果评价认为：虽然双方未能（事实上也不可能）在所有议题上取得一致，但对话的举行就显示双方均有意愿和能力为实现共同的战略目标而进行努力,换言之,通过"建设性对话"以实现中美"积极合作"和"管控分歧"是双方共同的方向。从这个角度看,业已举行多轮的中美战略与经济对话乃是当下中美这两大具有全球性影响的大国(经济体)扩大合作领域、深化合作层次和管控分歧的重要手段与机制。

回顾本书所集中分析的全球失衡的发展演变历程可以发现,"失衡"这一提法虽然是在本轮全球经济危机之后才开始在世界范围内被人们普遍体认,但其矛盾的根源早已在20世纪40年代布雷顿森林体系建立之后就已出现,而且在20世纪70年代布雷顿森林体系解体后持续积累,在20世纪90年代后期随着经济全球化进程进一步加速恶化。具体而言,早在第二次世界大战结束以后,美国主导的全球体系建立之初即已出现了失衡的苗头(直接体现为伴随着西方传统殖民体系的崩溃,所建立的新独立国家中很快就有若干经济体在全球经济竞争中由于各种主客观原因而限于经济持续低迷之境地,甚至被最终定义为"失败国家"),但用任何标准看,这些失衡都属于局部的、边缘性的失衡,而全球经济版图中的核心区域(这一核心区域大致可以界定为:早期的欧美、20世纪70年代之后的东亚,乃至今天的亚洲—太平洋地区)则仍基本保持了相对的平衡。20世纪90年代中期之后,以美国为代表的多数传统工业国开始面临持续性、大规模的经常账户逆差（德国和日本是少数的例外），而以中国为代表的东亚经济体（以及石油输出国）则获得了经常账户的持续顺差。迄今为止，美国和中国分别作为国际贸易逆差与顺差的主要策源地，这一已进入全球经济版图中心区域的现象因此得到了学术界的高度关注，并将之称为"全球经济失衡"（global imbalance）（Eic hengreen，2009；Aizen-man et al.，2008）。

进入新千年后，美国的经常账户逆差进一步增加，而以中国、印度等为代表的新兴市场经济国家的扩张速度尤为突出。鉴于中美两国巨大的经济体量，全球经济失衡的愈演愈烈使传统国际经济格局的稳定性和可持续性越来越受到质疑，以经常账户失衡为枢纽的美国与出口导向型经济体之间共生模式的可持续性也同样受到质疑（赵夫增，2006）。

显然，全球经济发展所呈现的上述失衡（不仅包括中美之间的失衡，还在更大范围体现为国际资本流动、国际贸易、国际分配等领域全方位的失衡），导致全球经济体系日趋脆弱，并最终以危机的形式暴露出来。2008年，以雷曼兄弟（当时系美国第四大投资银行）爆发严重财务问题宣告破产为"引爆点"，最终使此前长期积累但仍勉强维持的"失衡"格局转入"危机"格局。之后的2009年，全球GDP增长率达到-0.6%的绝对负增长（发达经济体的GDP增长率更降低到-3.4%）。可以说，全球经济在经历了此前的长波增长后骤然转向。但与之形成鲜明对比的是，作为新兴经济体代表的中国（以及印度）在2008年危机爆发之初的几年内则继续保持了较高的经济增长势头，从而在当时被誉为全球经济一片萧条中的"暖流"。简言之，仅就GDP增长数据而言，2008年危机对发达经济体和新兴市场经济体所造成的影响带有很强的非对称性。我们认为，从时任美国总统的奥巴马到时任国际货币基金组织（IMF）总裁的卡恩，诸多有重要影响的权威人士之所以在危机爆发后开始一直强调各主要经济体共同致力于推动并实现全球经济的"平衡增长"，其由来有自——正是由于上述非对称冲击对不同经济体影响的显现已到了不容忽视的程度，由此，"全球经济再平衡"（global rebalance）最终由学术界和产业界的探讨正式进入发达国家政府和各大国际经济组织的议程之中，其典型的标志即"再平衡"被列入2009年G20匹兹堡金融峰会上的主要议题之中。自此，如何通过再平衡为全球经济重拾增长的动力成为政府决策层、业界与学界的共识，开始被视为"后危机阶段"全球经济发展的重要课题。显然，中美两个大国，乃至亚太地区，作为全球最重要的贸易区域之一，均面临着严峻的经济转型任务（中国自不待言，经济转型已经成为政府的战略目标；而美国同样面临着重拾高端制造业等转型压力），可以说，再平衡已经成为当今全球经济复苏的重要组成部分和必由之路（Prasad，2009）。

二、既有研究综述

如前所述,本书探讨的全球失衡,其集中的体现可简化为美国大量的经常账户逆差和以中国为主的东亚新兴经济体大量的经常账户顺差并存,关于这一问题的争论与探讨近年来已成为学术研究的重要领域,国内外已积累了诸多的相关理论研究文献。余永定(2010)在总结其个人针对中国国际收支失衡问题的研究中指出,简单地由恒等式推导出来的因果关系在逻辑上是错误的。因为恒等式本身并不反映因果关系,所以不能简单地认为等式一边的变化一定是由等式另一边的变化所引起的。李宏等(2010)则进一步补充认为储蓄缺口只是贸易失衡的宏观表现,若要其转化为贸易失衡,就必须满足微观层面存在失衡状态下进行贸易的条件,而以物物交换为基础的传统国际分工理论又不能为解释全球失衡提供微观基础。也就是说,表现内部失衡的储蓄缺口与外部的贸易失衡之间的转化受到传统国际分工理论的约束,为了能够突破这种理论上的约束,就必须在国际分工和全球失衡中寻找一个合适的"媒介"。现代金融发展理论日臻成熟为解决这一问题提供了选择方向,金融发展因此被纳入全球失衡问题的分析中,将其作为储蓄缺口转化为贸易失衡的中介,使从国际分工视角解释全球失衡变得可行。引入金融发展这个媒介后,储蓄缺口和国际分工成为"全球失衡"这枚硬币的两面。前者是全球失衡的内部宏观表现,后者是全球失衡的外部微观表现。这将涉及两方面的研究：一是金融发展与储蓄缺口之间的联系，二是金融发展对传统国际分工模式的影响。两者的结合构成了基于金融发展差异的国际分工模式对全球失衡根源的解释。

目前，无论是理论还是实证，这两方面各自独立的研究都已经日益完善成熟，但将两者结合起来的研究仍处于起步阶段，这其中 Caballero, Farhi & Gourinchas（2006）的研究最具代表性和开创性（李宏，2010）。Caballero, F. arhi & Gourinchas（2006）的研究基于经济增长和金融发展的比较优势，分析了主要经济区（如北美、欧洲、东亚等经济区）形成的提供"金融资产"这种无形产品上的国际分工格局，这与基于新古典贸易理论中李嘉图比较优势和赫克歇尔-俄林[①]的要素禀赋比较优势形成的传统的产品国际分工存在明显不同。

国内学者关于这种新型的国际分工形态与全球失衡之间的联系也有所研究。徐建炜等（2010）以金融市场相对于制造业的发达水平，即金融市场比较优势发达程度来考察全球失衡，提出了实体经济与虚拟经济之间的新型国际分工形态。茅锐等（2012）的研究则提出基于制造业—金融业比较优势形成的国家分工缺乏充分的协调是导致全球经济失衡的根源。从金融中心与制造中心

---

① 李嘉图（David Ricardo，1772—1823），英国著名经济学家，古典政治经济学的代表人物之一。赫克歇尔（Eli Filip Heckscher，1879—1952），瑞典经济学家。俄林（Bertil Ohlin，1899—1979），瑞典经济学家，诺贝尔经济学奖得主。

到虚拟经济与实体经济、创新活动与生产活动，无论是隐含还是直接提出，均包含新的国际分工思想，而这一新的国际分工格局就是全球失衡的根源（华民，2007）。

同时，还有学者通过研究金融结构对一国公司储蓄的影响发现，资本市场欠发达的国家更容易积累经常账户盈余。Tan 等学者（2013）基于金融发展差异的新型国际分工模式表明，全球失衡的调整主要是处于金融发展比较劣势的一方的调整。Chinn 和 Ito（2005）实证研究结论显示，发达国家金融发展水平越高储蓄越少，而新兴市场，国家则正好相反，造成这种差异的原因是它们在金融市场开放度和法制体系发展水平上的差异。对于新兴市场国家来说，制度发展与金融发展同样重要。此外，调整财政预算平衡和股市泡沫有利于发达国家经常账户平衡的调整。Mendoza 等（2007）认为，全球金融危机是各国间金融深度差异下的金融全球化产生的结果，他们通过实证分析得出了如下结论：发达经济体之间金融发展水平和金融市场深度的差异很大（美国一直居于首位）；20 世纪 80 年代开始，美国的国外净资产开始持续下降，这与国际资本市场自由化的渐进发展同步；净出口和经常账户平衡与金融发展水平存在负相关关系（这里金融发展水平的代理指标是国内私人部门贷款与 GDP 之比）。

近年来，还有学者开始从人口结构变化、社会保障制度改革、金融加速器效应等视角研究全球经济失衡（谢建国等，2013；孙祁祥等，2013；梅冬州等，2013）。

需要指出的是，理论界有部分学者认为不应对全球失衡过多担忧，也不必对其进行调整。B. ernanke（2007）认为全球失衡是一个明显的市场现象，美国的经常账户赤字反映了美国的经济及其具有深度、流动性强且法治完善的资本市场的吸引力，还认为失衡有利于缓解经济过热或通胀，并且当前美国的债务规模相对于自身的经济规模来说尚未成为不可承受的负担。因此，这是现实经济运行一个合理的、可接受的结果。可见，美国与东亚之间的失衡体现了两者的金融共依性，这种相互依赖关系的共同利益使当前全球失衡的格局能够得以持续。而按照Eichengreen（2009）的观点，全球失衡可能还要持续20年，这是吸收中国2亿农民到制造业部门所需的时间。换言之，这一失衡甚至可以认为是作为新兴大国的中国完成工业化、城市化、现代化进程所必然的国际溢出效应（spill-over effect）。

第二章 实体经济的全球失衡与增量再平衡

从实体经济的角度看，全球失衡有诸多表象，但如前所述，大量的研究均认为，导致失衡的实体经济根源在于经济全球化进程加速推进导致的国际分工格局已事实上演进到无以为继的地步。简言之，在实体经济领域，我们可以认为不断深化的国际分工是全球失衡的基础诱因（之一）。

分工从来就是经济学研究的一个重要命题。古典政治经济学的奠基者亚当·斯密在其巨著《国富论》中即以制造业分工带来生产效率提升的案例展开了其"看不见的手"的经济哲学思想。而回溯经济史，我们可以发现，虽然不同经济体之间的经济交往几乎是伴随着历史纪录的出现而诞生，但真正意义上的国际分工则发端于15～17世纪的地理大发现（age of discovery）。一般认为，在18世纪以前，受生产力水平的基础性制约，国际贸易与分工仍然处于初级阶段，当时并没有全球性失衡发展的条件，即使出现失衡也局限在有限规模与有限时间之中。

19世纪伴随着以英国为首的西方国家陆续进入工业化时代，在新兴的工业国和传统的农业与资源国（以及殖民体系形成后宗主国与殖民地）之间开始出现了稳定的物质与资金的交换。其中，英国作为当时全球经济体系的"中心"国家，其商品贸易很快便出现持续逆差——由此第一次真正引发了持续性的全球失衡。但依靠服务业的发展和大规模的海外投资收益，以及最重要的——英镑的国际中心货币地位，英国能够有效地维持失衡局面的"稳定"并从中持续获益。

进入20世纪中叶之后，随着经济全球化程度前所未有地加深，国际经济一体化程度日益上升，世界各国按照不同发展阶段梯度推进，形成了一个多层次的分工体系，推动国际分工模式开始向更高级的形态发展。几乎所有的经济体都开始参与到国际分工之中并事实上为持续的全球失衡推波助澜。

在过去半个多世纪的国际分工理论解释中，最具有理论弹性的无疑是发展经济学中著名的"雁行模式"。所谓"雁行模式"，最早发端于20世纪前期的产业经济研究（即所谓雁行产业发展形态理论），但其开始更大的影响则是20世纪80年代以后的发展经济学领域。具体而言，随着20世纪50年代后期日本开始经济崛起至20世纪70年代，在东亚地区出现了明显的产业转移趋势，在东方国家中，率先进入工业化的日本开始将当时已进入成熟期的产业和按照比较优势理论存在潜在比较劣势的产业转移给亚洲"四小龙"，"四小龙"又依序将它们的成熟产业转移到东盟国家（典型代表即亚洲"四小虎"），20世纪80年代开始，中国东部沿海地区也开始这一国际分工体系。由此,在若干日本学者看来,东亚地区的经济发展呈现出一幅从日本到"四小龙"到"四小虎"再到中国的雁行模式,在区内不同发展阶段的经济体之间构建了技术密集/高附加值产业——资本技术密集型产业——劳动密集型产业的分工体系。这一理论一经提出,即由于其不仅很好地解释了20世纪80年代的全球产业转移及国际经济合作路径,而且具有很强的开放性和拓展性(例如,随着中国经济的快速崛起和印度等其他新兴市场国家的开放,该雁行模式只需将具体的雁阵构成进行调整而无须改变理论内核即可继续保持逻辑自洽和现实解释力),在发展经济学理论研究和政府决策领域都得到了普遍的重视。

事实上,雁行模式这一理论框架可以进一步拓展对20世纪90年代以后主要由西方国家所发起和主导的国际分工在地域范围和产业链范围的扩张。具体而言,自20世纪90年代以来,包括中国、印度、苏联东欧地区以及拉丁美洲地区均渐次卷入国际分工体系之中,成为新增劳动力供给来源,通过产品(包括资源产品——以俄罗斯油气采掘与加工业为代表、制造业产品——以中国庞大的第二产业为代表、服务业产品——以印度软件服务业为代表)输出的方式输出劳动力[①],从而实现了劳动力资源配置

---

① 据估计,由于中国、印度和苏联这几个劳动力大国进入全球分工体系中,全球体系中的劳工数量有十亿以上的增长(Freeman, 2005);如果以1980年为基年,则全球有效劳动力供给到2005年增加了3倍(数据来源:《世界经济展望》,IMF 2007)。

上真正的全球化，深刻地改变了原有的国际分工格局①，并最终形成了在实体经济中以美国为代表的发达经济体主动或被动地将就业岗位让渡给新兴市场经济体的"失衡现状"。时任美联储主席的本·伯南克②对此的评价是："中国、印度以及前社会主义阵营国家的加入，意味着世界上更多的人口正参与到全球经济中来。这是史无前例的事件。"

第一节　全球失衡：国际分工视角的历史回溯与分析

参考历史学，特别是经济史最新的研究成果，可以将15世纪以来至今的国际分工划分为三个大的阶段，我们分别将之定名为东方主导的"白银资本"时代、英国主导的"英国"时代和美国主导的"美国"时代。每个阶段，均有其不同的结构特征（中心—边缘的划分）、产业特征、人财物流动的方向特征等。以下逐一进行简要归纳。

---

① 事实上这些国家卷入全球化进程除实体经济的影响外，还因为其对美元资产的偏好等原因深刻影响了国际金融的运行，详见下文。
② 本·伯南克（Ben Shalom Bernanke, 1953— ），美国经济学家，前美国联邦储备局主席。

一、白银资本时代

按照贡德·弗兰克[①]（2008）的划分，国际分工的最早阶段是15世纪至18世纪末期的"白银资本"[②]时代。以今天的标准看，持续时间长达400年的"白银资本"时代存在着一个虽然就规模和范围上相对"低配"但确定存在的国际分工体系："将各个农业内陆和边陲地带与它们各自的地区商业中心、海港货内陆商业城市都联结在一起。"不仅如此，在这个初步的分工体系中，美洲、日本、非洲和欧洲这"四个主要地区长期保持着商品贸易的逆差"，而中国和印度则利用"它们在制造业方面拥有的绝对与相对的无与伦比的生产力"处于顺差国地位。

二、"英国"时代

显然，进入19世纪以后，一系列深刻的历史转折导致这个"白银资本"时代终结。首先，按照彭慕兰[③]的观点（2010），东西方在18世纪之前大致处于并行发展之中，西方并无显著和独有的内生优势；19世纪初作为一个分界点，东西方开始逐渐背离，分道

[①] 贡德·弗兰克（Andre Gunder Frank，1929—），著名社会学家，依附理论的主要代表人物，加拿大多伦多大学教授。

[②] 之所以将之定名为"白银资本"时代，是因为当时作为国际经济中心的中国和印度两个经济体均实施银本位，这与西方对金本位的长期推崇形成鲜明对比。事实上，在西方古典经济学的奠基性巨著《国富论》中，斯密即以较大篇幅探讨了银价变动的宏观经济影响。

[③] 彭慕兰（Kenneth Pomeranz，1958—），美国著名历史学家、汉学家，加州学派代表人物之一，芝加哥大学教授。

扬镳，此后距离越来越大，这就是彭慕兰所说的"大分流"（the great divergence）时代。一般认为，之所以出现了上述背离（即西方国家普遍进入近代化，而除日本以外的诸多东方国家则未能跨入近现代化发展的门槛），原因之一是西方对美洲（新大陆）的殖民与开发，其二是英国对具有区位优势的煤矿（煤炭资源）的开发利用。受市场空间扩展带来的规模经济与范围经济作用，加之工业革命推动劳动生产率的大幅度提升，全球体系的中心迅速从东方向西方转移，形成了以英国为中心的跨越地理局限的全球贸易与金融往来，发端于欧洲的工业生产技术（包括硬技术与软技术）快速地扩散与转移，推动了基础原材料生产、工业制造品生产等实体经济范畴的革命性变革。正是在这个阶段，以鼓励自由贸易为主要特征之一的重商主义经济思想趋于成熟并成为越来越多的国家（英国即其中最早的国家之一）的经济战略指导，由此导致"新的国际秩序已经出现"（保罗·肯尼迪，2006）。英国古典经济学家杰文斯充满自豪地说："北美和俄国的平原是我们的玉米地；加拿大和波罗的海是我们的林区；澳大利亚有我们的牧羊场；秘鲁送来白银，南非和澳大利亚的黄金流向伦敦；印度人和中国人为我们种植茶叶，我们的咖啡、甘蔗和香料种植园遍布东印度群岛。我们的棉花长期以来栽培在美国南部，现已扩展到地球每个温暖地区。"一个无远弗届的全球市场可见一斑。

在整个19世纪，英国无可置疑地长期保持全球分工体系中心的地位,并先后带动欧洲大陆及北美经济的发展;但与之同时发生的,则是在上一个"白银资本"时代的中心经济体(即守成经济体,主要是中国和印度)的急剧衰落。换言之,西方的繁荣对应着东方的衰退。从这个角度看,可以认为经过欧罗巴时代的全球分工,最终被边缘化的其他经济体纷纷陷入长期的经济停滞,甚至绝对的负增长,最终沦落到全球产业链的低端。这个结局被肯尼迪(2006)形象地描述如下:"由于兰开夏纺织厂的远为价廉物美的产品对它们[①]的传统市场的渗透,它们非工业化了"。

三、"美国"时代

经过19世纪国际分工的快速推进,英国大量的海外投资与海外移民,加之前所未有的技术扩散,推动美国、德国等西方经济体,逐步开始成为英国的强劲竞争对手。据统计,在19世纪中叶,英国的出口年均增长接近6%;而进入19世纪后半叶之后这一增长速度逐步下滑,到20世纪初叶已降低到2%(Matthews等,1983),而同期英国的进口则没有大的变化。进出口之间差距的持续积累最终导致英国在实物贸易中出现持续逆差,虽然仍能够依靠在远洋航运、金融等服务贸易领域的顺差,以及海外投资所获得的巨额利息和利润得以维持经常账户的顺差,但在实物生产领域英国的优势被显著地削弱。到19世纪末期,德国和美国已经可

---

① 这里指中国和印度的传统纺织业。

以与英国在制造业领域展开全面的竞争并抢夺市场份额了。最终，虽然德国的挑战经过两次世界大战被挫败，但英国的国力也大损，以1945年美元彻底取代英镑成为全球货币体系核心的布雷顿森林体系建立为标志，全球分工从以英国主导的欧罗巴时代正式进入以美国主导的美洲时代。鉴于自20世纪后半叶开始展开的以美国为主导的这一国际分工格局到目前仍在发挥作用（虽有严重的失衡以致需要探讨再平衡的达成途径，但毋庸置疑美国的中心国家地位在可以预见的时间内仍不会被动摇），因此我们有必要对这一体系的发展历程和重要经济体做简要的阶段性回顾：

（1）第一阶段：战后初期到20世纪60年代末期，美国绝对称霸于全球经济领域；

（2）第二阶段：20世纪70~80年代世界经济出现美国、欧洲、日本多核发展；

（3）第三阶段：20世纪90年代开始新兴市场经济体开始快速崛起阶段。

这三个阶段的重要经济体及其阶段特征逐一分析如下：

在第一阶段，美国为全球经济绝对的霸主。期间以美国为首的西方经济体大多实现了战后恢复甚至高速发展，"马歇尔计划"[①]

[①] 马歇尔计划（The Marshall Plan），官方名称：欧洲复兴计划（european recovery program），该计划正式启动于1947年，并整整持续了4个财政年度。在计划实施期间，西欧各国通过参加经济合作发展组织（OECD）总共接受了美国援助合计130亿美元，其中包括金融、技术、设备等各种形式的援助。该计划对欧洲国家的发展和世界政治格局产生了深远的影响。

的成功推行使大量美国资本和商品打入了海外市场，加强了美国对西欧国家政治和经济的控制（同时把西欧纳入美国对苏联冷战的战略轨道）。同时，美国为日本制定了复兴经济的"道奇路线"，向日本提供了大量贷款和援助，日本由此从20世纪50年代末期开始成为全球增长的明星。美国在大力将日本扶植为当时世界第二经济经济体的同时，迫使日本在经济上对美国开放。

在第二阶段，20世纪70年代前后，由于多种内外因素（包括两次石油危机的冲击、越南战争和福利社会建设等不当政策）的影响，美国在全球经济版图中的中心地位受到极大冲击，全球经济的多极化格局初露端倪。主要表现包括如下几个大的方面：

（1）将美元作为轴心的国际金融货币安排在20世纪20年代之初受到了严重挑战，美国作为全球经济霸主的定位开始受到越来越多的质疑。事实上，美国的国际收支状况从20世纪60年代开始就已趋于恶化，国际金融市场已多次发生了美元危机，"布雷顿森林体系"的基础受到极大动摇并最终在20世纪70年代瓦解。

（2）在美国经济风雨飘摇的同时，以联邦德国为代表西欧国家以及日本经济却实现了较高速度的增长，从二战结束后确立的美国作为西方世界经济唯一领袖的格局开始逐步演变为美、欧、日三大中心鼎足而立。

（3）二战结束以后的苏联经济一度也得到了较快的恢复与发展，到20世纪20年代初期，苏联已经携其盟国（主要分布于中、东欧地区）成为全球经济版图中俨然能与美国并论的具有重大国际影响的经济体之一,尤其在重工业和国防工业领域与美国"双峰并峙",形成了冷战时代美苏全面战略抗衡的局面(当然,进入 20 世纪 80 年代后,随着日本经济的高速发展,更是由于苏联模式的制度性僵化,苏联在经济乃至政治领域对美国的压力都开始趋于减退,最终在长期停滞后完全失去了与西方竞争的能力,到 1987 年其全球第二大经济体的地位被日本所取代)。

20 世纪 80 年代,世界经济进入激烈动荡和低速增长的新阶段,迫使各种不同类型的国家都开始了经济调整与改革。发达资本主义国家以货币主义、供给学派等新古典主义经济思想取代了凯恩斯主义经济学,并积极进行产业结构调整,特别是美国,大力推进信息技术的普及与应用以提高劳动生产率、推动经济发展。发展中国家对经济体制和经济发展战略也进行了调整,尤其是中国自 1978 年开始实行全面的改革开放政策,取得了巨大的经济成就。然而,苏联和东欧国家由于改革失误和固有弊端积重难返等原因,经济发展一落千丈,最终在长期停滞后完全失去了与西方经济体竞争的能力。

从历史的视角回溯,我们不能不说,在第二次世界大战结束以后直至 20 世纪 90 年代之前,美国对全球分工体系的主导作用虽然在 20 世纪 70 年代停滞膨胀期一度受到削弱[1],但其对当时全球第二大经济体日本(在经济、政治、军事等核心领域)的

---

[1] 有关 20 世纪 70 年代布雷顿森林体系崩溃的分析将在下一章展开,本章集中针对实体经济展开。

全面扶持与控制，不仅使日本的高速增长没有在根本上动摇美国的全球经济霸主地位，事实上反而通过日本对苏联的超越进一步确立了美国的经济领导权，反映在实体经济的一个最重要的指标——全球制造业排序上，美国在此期间一直稳居全球制造业第一大国的位置。

在第三阶段，我们将之界定为二战结束以后形成的国际经济格局出现深刻变化的转折性阶段，正是在这个阶段，我们所讨论的全球失衡开始无可争议地展开并延续至今。具体而言，进入20世纪90年代之后，整个国际分工格局出现了一轮前所未有的变化——以中国、印度为代表的新兴市场经济体开始崛起并对美、日、欧等传统经济体形成了越来越大的竞争压力。但本书所说的转折，更多地是从中国、印度崛起所体现的地缘意义展开。

具体而言，基于政治经济学中"依附理论"①的视角，在中国、印度这两个经济体20世纪90年代开始的崛起进程之前，虽然经济增长已开始从西方发达经济体扩散到东亚、拉美（即第二阶段的成果），即自20世纪60年代中期以后，东亚、拉美等地早就有一批新兴工业化国家和地区实现了经济快速发展（其中的代表包括有亚洲"四小龙"之称的韩国、新加坡和中国香港、中

---

① 依附理论由阿根廷学者劳尔·普雷维什（raulprebisch）在20世纪60~70年代最先提出。该理论认为广大发展中国家与发达国家之间是一种依附、被剥削与剥削的关系。在世界经济领域中，存在着中心—外围层次。发达资本主义国家构成世界经济的中心，发展中国家处于世界经济的外围，为发达国家所控制。

国台湾，以及拉美的智利、阿根廷等经济体）。但是，与20世纪90年代之后开始全面加入国际分工体系并成功实现持续高速增长的中国、印度相比，首先其在经济体量上相去甚远（新加坡、中国香港等甚至仅属城市经济体的范畴），从规模上无力也不可能对传统发达经济体形成全方位的竞争。其次，这些经济体在第二次世界大战结束以后的发展战略上更多地是对西方经济体的"依附"（一个直接的例证即20世纪70年代之后的智利其经济发展战略基本依靠"芝加哥小子"①所制定；而日本、韩国等东亚经济体甚至在国家安全上依附美国的保护），无力也不可能对作为"中心"的传统发达经济体有战略路径上的挑战。但中国、印度则有着完全不同的发展空间：首先，这两个经济体均为总人口十亿级别的超级人口大国，拥有潜力巨大的国内市场，它们的发展在规模上足以对传统"中心—边缘"版图构成全面的竞争。其次，无论是中国还是印度在第二次世界大战结束以后都从来不是依赖于西方阵营（中国自不待言，印度也是长期高举"不结盟运动"大旗），虽然在20世纪90年代以后开始加入国际分工体系之中，但其发展及随之而来的产业升级可能从战略路径上对传统的国际分工提出挑战。②

---

① "芝加哥小子（Chicago Boys）"是一个经济史上的"俗语"，是对20世纪70年代时任智利总统的皮诺切特依靠毕业于芝加哥大学的年轻经济学家制定智利的经济发展战略并取得智利奇迹的形象描述。当然，有关智利奇迹的成败得失，在不同学者（具体而言即米尔顿·弗里德曼和阿玛蒂亚·森）之间存在巨大的争议。

② 事实上这一挑战至少在近年来实践的层面被相当多的学者总结为所谓"华盛顿共识"与"北京共识"的分歧。

基于以上三个阶段的划分，可以大致勾勒出15世纪以来全球实体经济分工模式、失衡与再平衡的发展脉络。

在18世纪以前的"白银资本"时代，实体经济的分工和贸易尚处于非常初级的阶段，产品生产没有形成复杂的产业链与价值链，各国的收入水平、技术水平差距不大，加之当时尚处于金银贵金属本位时代，国际经济中出现的任何失衡均必须通过贵金属流动加以平衡，因此在这一阶段不可能出现长期的、大范围的全球失衡。

自18世纪开始的"英国"时代，各国的经济与社会发展进入"大分流"的阶段，以英国为首的西方经济体取得高速增长并进入工业化、城市化和现代化，与之对应的则是其他非西方经济体大多陷于停滞甚至后退的格局，因此这一阶段在实体经济层面的国际分工主要是工业国与农业国之间的分工，实物贸易是西方的工业品与东方的原材料、农业产品的交换。作为中心经济体的英国依靠服务业、英镑的国际货币地位和庞大的海外投资利润回流，在很长一段时间中很好地应对了商品贸易逆差问题。但随着英国的国力在第二次世界大战中被战争极大削弱，英镑的地位受到挑战，"英国"时代的全球失衡格局再也无法维持，最终导致1945年二战结束后进入"美国"时代。

在"美国"时代，全球一体化程度日益提升，国际分工模式进一步深化，随着越来越多的经济体进入工业化、城市化和现代化的门槛，各国依照各自不同的要素禀赋和发展阶段梯度推进，形成一个多层次的分工体系。美国最终依靠其实力高居于价值链和产业链的顶端，并利用美元的国际货币地位，通过不断发行美元债务弥补经常项目下的赤字，由此导致美国逐渐从二战结束初期最大的债权国变为当今最大的债务国，特别随着中国等新兴市场经济体经济实力的上升，事实上在进入新千年后形成了以中国为首的新兴市场经济体大力发展出口导向型的经济发展战略，向全世界（包括美国）提供廉价、优质和海量的原材料和商品美国则作为最大的贸易伙伴与市场进口吸纳中国产品的实体经济失衡局面。可以说，这个失衡将几乎所有的主要工业国都席卷其中，并让贸易双方都程度不等地从中获益。

我们之所以称 20 世纪后半叶的全球分工体系曾让几乎所有的工业国都从中获益，简单来看是在这个分工体系中实现了前所未有的技术进步和财富积累，并成功地将越来越多的经济体带入更高的发展水平。仅从国别经济分析的角度，简单地以"国家名＋奇迹"和"country＋miracle"进行互联网检索即可发现，在中英文语境中，从"日本（东洋）奇迹""韩国（汉江）奇迹""智利奇迹"到"中国奇迹""印度奇迹"等不一而足，几乎所有的新兴市场经济体都曾经被冠以"奇迹"之誉。从这个角度看，一方面说明全球经济增长的环境的确在 20 世纪后半叶出现了整体向好的明显态势；另一方面也提醒我们奇迹的层出不穷显示国际竞争前所未有的激烈,任何一个经济体,如果稍有懈怠(更不用说国家战略上的任何错误),就可能在激烈的竞争中面临挫折。

巴西:从 2009 到 2016 的"蹦极"

以拉丁美洲国家巴西为例,在 20 世纪的最后 20 年,巴西还曾和阿根廷等其他拉美国家一样陷于"中等收入陷阱"之中。但其后巴西的经济开始起飞,2010 年前后达到了经济发展的高峰,从 1970—2010 年的 40 年间 GDP 从 450 亿美元发展到两万多亿美元。2009 年 10 月,当国际奥委会正式授予里约热内卢 2016 夏季奥运会举办权时,时任巴西总统卢拉因这个消息喜极而泣,激动地演说:"今天,我比其他任何一天都更自豪我是一名巴西人。今天是摆脱过去附在我们身上最后一丝偏见的一天:巴西已经走出二流国家队伍,步入一流国家行列。现在我们将向世界表明,我们可以成为一个伟大的国家。"在他说出这段话时,巴西经济正经历增长奇迹,整个巴西好事连连:经济以"亚洲速度"强劲增长;大批民众从较低收入向中产阶层迈进,每年数百万人口脱贫;海上发现巨量深海石油储藏，成为奥运会基础设施建设的资金保障；巴西开始在世界舞台上展现出新的自信，并期待在全球治理方面有更多话语权……在种种利好消息的支持下，2011年美国国际开发署盛赞巴西实现了"从饥荒到盛宴"的转身。

事实上，在20世纪60~70年代，和很多其他我们熟悉的东亚新兴市场经济体一样，巴西经济同样以两位数的年均速度增长。20世纪80年巴西即已成为世界第八大经济体。2001年巴西作为拉丁美洲的代表进入"金砖四国"。也正是由于以上骄人的增长绩效，2003年时任巴西总统卢拉甚至说出了让很多中国人非常熟悉的如下豪言壮语："19世纪属于欧洲，20世纪属于美国，21世纪属于巴西。"但是，兴盛的时刻往往蕴藏着危机。其实在经济高速成长期就有不少分析人士提醒，巴西自身存在诸多深层次的问题，如产业结构单一、出口初级产品化、自身投资能力不足、对外部资金过度依赖、工业对经济贡献率不足等，这些问题长时间没有得到解决。由此导致直到今天，在巴西的出口产品中，牛肉、大豆等靠天吃饭的农产品和资源类产品占据相当大比例，制成品几乎只能依赖进口，有高附加值的工业更是弱小。

最终到2016年奥运会开幕时，巴西却已经陷入严重的经济衰退和社会混乱之中，2015年GDP增长速度已处于-3.8%的绝对负增长。

由以上材料可以发现,哪怕如巴西这样的国家拥有若干得天独厚的优势(论国土面积,巴西全球排第五,仅次于俄、加、中、美;论人口资源,巴西约2亿,仅次于中、印、美、印尼。此外,还有广袤的热带雨林,世界上流量最大的河流,质量上乘的铁矿资源以及储量丰富的石油资源。巴西所处的地缘环境也相对安全,其大部分时期内远离国际热点动荡的负面影响),但在经济全球化的背景下,如果国内发展战略存在缺陷,稍有不慎就可能出现转折性变化而使"奇迹"遭受挫折。

第二节 全球失衡:基于劳动生产率的历史回溯与分析

在前文的分析中,主要从国际分工体系的角度探讨了失衡发生的历史脉络。我们认为,一个经济体在国际分工体系中"中心—边缘"位置及其变化(按照前文的划分,在白银资本时代东方的中国、印度是中心;到工业革命后进入"英国"时代和"美国"时代西方成为中心,东方则一度被边缘化),有诸多的影响因素(详见下文分析)。本文将基于经济增长理论的最新进展,将不同经济体的劳动生产率作为影响实体经济中国际分工位置的根本因素,分析劳动生产率被动与实体经济失衡的关系。

一、劳动生产率与实体经济失衡的理论联系

劳动生产率（labor productivity）是指劳动者在一定时期内创造的劳动成果与其相适应的劳动消耗量的比值。劳动生产率水平可以用同一劳动在单位时间内生产某种产品的数量来表示，单位时间内生产的产品数量越多，劳动生产率就越高；也可以用生产单位产品所耗费的劳动时间来表示，生产单位产品所需要的劳动时间越少，劳动生产率就越高。之所以本节将劳动生产率引入有关劳动分工与失衡问题的研究，是基于以下的观点：

对本书所集中研究的失衡与再平衡问题而言，在实体经济中最极端和最终的体现在于原有格局下中心经济体的转移（详见前文的分析：全球分工体系的中心从 18 世纪之前"白银资本"时代的中国、印度为中心转移到 19 世纪的英国，再在 1945 年后转移到美国），而原有的中心经济体（也即霸主）之所以失去原有地位，归根结底是由于作为守成大国在与新兴大国的实体经济竞争中无力保持更高的生产效率并生产出更多数量的产品。其中，更高的生产效率指标为劳动生产率，更多数量的产品为 GDP。[1] 这一表达来自于亚当·斯密，在斯密的古典经济理论中，促进经济增长无非两种途径：一是增加生产性劳动的数量——规模；二是提高劳动的效率——劳动生产率。其中，劳动生产率的提高更重

---

[1] 当然，新兴大国和守成大国的竞争除实体经济领域的竞争外，还有货币经济领域、社会发展、政治军事等领域的竞争，本章集中研究实体经济的问题。

要，而劳动生产率的提高主要取决于分工程度和资本积累的数量。李嘉图认为长期的经济增长趋势在收益递减规律的作用下会停止。马尔萨斯①则认为人口增长与产出增长是不同步的，以人均产出表示的经济增长会受到人口增长的限制，人口增长取决于人均收入，在经济系统之外要采用限制人口增长超过经济增长的政策。可见，古典经济学家们已经指出了经济增长的动因：劳动及其分工、资本、技术、土地，也注意到了自然资源在增长中的特殊性。但是，本章我们所集中研究的全球失衡与再平衡问题，其主要的落脚点在于中心经济体的新老交替，对于这类体量的经济体而言，在要素流动前所未有地高效的今天，资本、技术、土地规模及其他自然资源的约束作用已不太明显（即使在某个时期存在约束，也能够通过跨境的资源流动机制得以松弛）。按保罗·克鲁格曼②的观点，从长期看，生产率提高几乎是经济增长的全部动力。因此，我们将体现生产效率的劳动生产率作为对失衡与再平衡机制设计的中心要素。

事实上，自19世纪后半叶以马歇尔为代表的新古典经济增长理论兴起以来，劳动生产率指标在长期经济增长中的重要性就已经得到了普遍的重视。马歇尔认为，人口数量的增加、财富（资

---

① 马尔萨斯（Thomas Robert Malthus，1766—1834），英国著名政治经济学家和人口学家。
② 保罗·克鲁格曼（Paul R. Krugman，1953— ），美国著名宏观经济学家，新凯恩斯主义最重要的学者之一，诺贝尔经济学奖得主。

本）的增加、智力水平的提高、工业组织（分工协作）的引入等，都会提高工业生产，促使经济增长。这些因素对厂商生产的全体影响表现为效率的增长——收益递增。所以，经济增长与效率相联系。熊彼特使用"创新"概念来解释资本主义社会的经济发展，认为创新就是企业家对生产要素实现的新组合，包括：引进新产品、采用新生产方法、开辟新市场、获取新资源、建立新组织等，而所有的创新，最终也体现为效率的增长。其中，最重要的新古典增长模型（由索洛、斯旺、米德和萨缪尔逊等学者先后完善），其核心是关于总量生产函数性质的三个假设，即规模收益不变、生产要素的边际收益递减和生产要素之间的可替代性。新古典增长理论认为，经济增长过程体现为资本积累过程，而决定资本积累的因素是投资的收益率。在规模收益不变的条件下，人均收入唯一地取决于资本—劳动比率，只有这一比率不断上升时，人均收入才能持续增长。另一方面，投资的收益率等于资本的边际收益。与人均收入一样，资本的边际收益也唯一地取决于资本—劳动比率，由于要素边际收益递减规律的存在，资本的边际收益率将随着资本与劳动比率的增加而不断下降。索洛等人还指出，经济增长的决定因素，从长远来看，是技术进步所带来的劳动生产率的提升，而不是资本积累和劳动力的增加。

20 世纪 80 年代中后期，与劳动生产率有更密切联系的内生经济增长理论开始形成。内生增长理论的基本观点是：影响经济长期增长（在本书的研究中即较长历史时期中分工体系及位置的变化）是由内生因素解释的，也就是说，在劳动投入过程中包含因正规教育、培训、在职学习等而形成的人力资本，在物质资本积累过程中包含因研究与开发、发明、创新等活动而形成的技术进步，而无论是人力资本还是技术进步的积累均将导致劳动生产率的提升，得到因技术进步的存在要素收益会递增而长期增长率是正的结论。其中，现任世界银行首席经济学家罗默①（1986）率先提出了一个含有外溢性、物质产出收益递减和新知识生产收益递增的竞争性均衡增长模型。他认为生产要素应包括四方面：资本、非技术劳动、人力资本和新思想。卢卡斯以物质资本积累和技术变动、人力资本以及专业化人力资本三个模型为依托，构建了一个内生的增长理论框架。他将人力资本作为一个独立的因素纳入经济增长模式，运用更加微观的、个量的分析方法，将舒尔茨的人力资本和索洛的技术进步结合起来，视人力资本积累为经济长期增长的决定性因素，并使之内生化、具体化，成为个人的、专业化的人力资本。

事实上，在现代经济学研究中，除经济增长理论外，包括公共经济学等其他子学科也将劳动生产率视为一个核心的变量放在重要的位置，在经济实务中劳动生产率也是微观企业绩效评估和

---

① 罗默（Paul M. Romer，1955— ），美国著名经济学家，斯坦福大学教授，2016年9月起担任世界银行首席经济学家兼高级副行长。

公共政策评估的重要考察变量,如德国前任总理艾哈德[①]即称"只有从不断提高的劳动生产率中得到好处的经济政策,才是社会的经济政策"(艾哈德,1994)。从这个角度看,劳动生产率可以作为本书评估失衡与再平衡的切入点。

二、美国与中国劳动生产率的实证比较分析

综上所述,基于经济增长理论等既有研究成果,可以认为,全球经济失衡(体现为衰退或危机),归根到底是由于既有中心经济体在生产率上的衰落。20世纪40年代英国被美国取代就是一个典型的例证。而对过去30年的统计结果同样显示了生产率的重要性。

根据 Glick 和 Rogoff(1995)的研究,一国整体经济的生产率每上升1个百分点,将使该国经常项目余额占 GDP 的比重减少 0.15 个百分点;Bussiere 等(2005)的研究显示美国生产率的提升将提高美国资产的预期回报,从而有利于资本流入并推动美元升值;而 Hoffmann 等(2011)的动态计量模型显示预期的劳动生产率变动对美国国际收支余额的影响远超过了利率等其他所有的变量。

具体而言,自20世纪90年代以来,美国的增长速度一直高居发达国家的潜力,按照 Maddison(2009)的统计,1991—2008年,美国实际 GDP 年均增长高达 2.73%,高于几乎所有的发达经

---

① 艾哈德(Ludwig Erhard,1897—1977),德国著名政治家、经济学家,二战结束后联邦德国第二任总理,被誉为"社会市场经济之父"。

济体（同期英国为 2.37%，法国 1.82%，德国 1.69%，日本 1.24%）。而在劳动生产率方面，美国凭借其国家创新能力同样有极佳的表现，在过去 20 多年以 IT 信息技术大规模普及与应用的推动下，美国的劳动生产率优势十分突出。可以说，正是由于美国在劳动生产率上的优势，使美国在西方发达经济体中维持其霸主的地位。而与新兴市场经济国家相比，美国的优势更加突出。

以中国为例，国家统计局发布的最新数据①表明，过去 20 年中，无论与美国、欧元区、日本这些发达经济体相比，还是与印度这个新兴市场经济体中除中国以外的"明星"相比，中国劳动生产率的增长速度都是最快的。但即使如此，由于起点较低，截至 2015 年，我国的单位劳动产出仍仅 7 318 美元，明显低于世界平均水平（18 487 美元），与美国的 98 990 美元相比，更有巨大的差距。换言之，在经过三十余年经济的高速成长后，从反映经济增长效率的劳动生产率指标看，我国仍仅为世界平均水平的约 40%，为美国的 7.4%。

基于以上比较分析，可以认为，即使在经历了 20 世纪 90 年代末期的互联网泡沫崩溃、"9·11"袭击带来的经济衰退，以及最近的金融经济危机等的多次打击下，美国仍然在经济增长的内生动力上具有相对于主要竞争对手（包括发达经济体和新兴市场经济体）的明显优势。

---

① 数据来源：http://www.guancha.cn/economy/2016_09_18_374623_s.shtml。

但如果分析止步于此，则似乎会得出一个结论：按照内生增长理论和实证数据，只要美国在技术进步所推动的劳动生产率优势能够维持（考虑到美国超强的国家创新能力在可以预见的一段时间内几乎不可能被超过[1]），则当前以美国为主导的国际分工体系失衡只是暂时的现象，长远来看仍能维持。但是，这个结论能否成立？

三、对美国劳动生产率优势的进一步分析

回顾历史可以发现，自1776年美国立国以后，美国依托其多方面的优越条件，迅速崛起，跨越工业化、城市化和现代化的门槛，最终依靠实体经济和货币经济等领域的优势，成为迄今为止的全球经济霸主和国际分工体系的中心，但即使如此，仍有若干因素让我们认为，美国（及其主导的国际经济体系）当前所面临的失衡是难以持续的，换言之，再平衡进程将必然展开。

首先，从实体经济的产业结构看，美国早已进入了后工业化时代。二战刚结束的1950年，制造业占美国GDP的比重为27%；而到2008年危机爆发时，这一占比已下降到仅11.5%。与制造业衰退相对应的，则是服务业占比到2008年已高达66%（数据来源：美国经济分析局）。从以上数据的此消彼长可以清晰地看到美国经济"脱实向虚"的趋势十分明显，最终的结果就是美国长期

---

[1] 以2000年至2014年自然科学与经济学的"诺奖"得主来源国为例，美国有多达71人，远超过排位第二、三位的日本和英国。

第二章 实体经济的全球失衡与增量再平衡

保持的全球制造业第一大国的地位于 2010 年第一次被中国所取代。到目前，中国已连续 6 年保持在制造业产值上全球第一的位置，制造业产出占世界比重超过 20%；在 500 余种主要工业产品中，中国有 220 多种产量位居世界第一。而在大型企业数量上，2014 年，中国制造业企业有 56 家入围世界 500 强（未含港澳台地区），连续 2 年成为世界 500 强企业数仅次于美国（130 多家）的第二大国。从以上数据可以清晰地看到，虽然美国凭借其长期的历史积累仍然拥有在高端制造业上的一定地位，但在总量数据上已几乎不可逆转地被中国所超过。从历史和逻辑看，我们很难想象一个国际分工体系的中心经济体在实体经济上不是最大和最好的产品供应方。

正是由于制造业的排序对于一国的经济地位有重要的、基础性的影响，自被中国超越后，美国总统奥巴马就一直积极号召美国制造业回流，以增加本国的就业，改善本国的经济状况，并最终维持美国的经济中心地位。奥巴马还明确表示，要"让美国成为新增就业和制造业的磁场"，确保下一场制造业革命发生在美国。

自美国政府发出"高端制造业回流"和"再工业化"的呼吁后，事实上的确有一些美国企业相继将海外生产线迁回美国本土，或在美国投资兴建新厂，制造业"回流"似乎颇显声势。其影响甚至开始波及商业零售业，大型零售商沃尔玛（Wal-Mart）宣称将在未来 10 年引入超过 500 亿美元的美国制造商品，甚至保证这些产品的售价不会超出海外制造的产品。但需要强调的是，由于缺乏深入的数据挖掘，迄今为止仍无法断言上述回流是未来潮流的趋势，还是短期的正常波动。从谨慎的角度出发，鉴于各大跨国公司仍然能够从业务外包中获得利润的增长，美国制造业回流的持续性和规模尚有待进一步观察。按照经济学理论的经典观点和实证数据的大量证明：只要依托全球供应链的国际分工就能够带来生产成本的降低和生产效率的提升，则虽然业务的海外外包将可能损害跨国公司母国部分阶层（在发达经济体主要是社会中下阶层）的利益，但从整体看业务外包所带来的经济福利仍然应该是为正的。

即使美国政府期待的"再工业化"能够顺利推进，严格意义上的制造业回流所带来的就业也将只占美国劳动力市场总就业的 4.6%。

有论者认为，新兴市场上升的成本将抹杀这些国家承接外包业务的比较优势。无论严肃的实证研究还是简单的观察比较都显示，近年来中国的工人工资有显著的上升（有调查显示，中国的平均工资水平在 2000 年至 2010 年有约三倍的增长；而国家统计局的官方数据则进一步显示中国的劳动力报酬在 2013 年和 2014 年均保持了两位数的同比增长）。另一方面，中国劳动力报酬（乃至其他要素价格）的快速提升，未必必然引发跨国公司向美国等发达国家的回流趋势！简言之，即使中国劳动力成本上升，跨国公司还可以在其他国家（例如越南、墨西哥等欠发达的劳动力大国）继续享受低成本收益，回流到劳动力成本高企的母国不可能是唯一选择。事实上，近年来已经可以观察到欧美企业已经有大量的生产线从一个欠发达经济体向另一个（成本更低的）欠发达经济体迁移。此外，还有论者认为，美国启动"制造业回流"的动机在相当程度上具有内生性，即将之归因于美国制造业成本的下降（例如，近10年来美国制造业人力成本出现下降的迹象；发端于美国的页岩气革命对基础能源价格的压缩，以及作为最主要全球货币的美元为其制造业带来的优势竞争力等）。根据波士顿咨询公司的估计，在综合比较制造业的各种成本后，目前在美国制造商品的平均成本仅比在中国生产高5%（该报告最难以置信的一个推论是：到2018年，美国制造的成本甚至有望比中国制造便宜2%~3%）。如果以上结论成立，则似乎中国失去成本优势之后大量此前外包到中国的工作岗位有理由重返美国。但是，更普遍的观点认为，综合比较中、美两国的制造业环境可以发现，无论美国如何节约成本，包括中国在内的新兴市场经济体仍然能够保持一定程度的成本比较优势，而只要具有成本差异，则由全球"产业漂移"的基础逻辑，全球制造业产业链的分工、外包将仍然是一个不可逆转的趋势。

四、总 结

由于此前半个多世纪的"脱实向虚"几乎不可能在可以预见的时间内彻底扭转，我们认为，无论美国政府如何号召或鼓励"高端制造业回流"，资本逐利的天性仍将驱使美国企业在世界范围内寻找分工的最佳海外外包，美国劳动生产率当前的优势正在并将进一步被中国等新兴市场经济体加速追赶。

仍以中国的劳动生产率数据为例，1996年，我国单位劳动产出仅有1535美元，此后逐年稳步提高。2015年，我国单位劳动产出提高至7318美元，比1996年增长了将近4倍。1996年到2015年的20年间，我国单位劳动产出（劳动生产率）大幅提高，年平均增速为8.6%，大大高于1.3%的同期世界平均水平，明显高于美国1.6%的增速。尤其是在国际金融危机前的2005年至2007年，分别比上年增长10.3%、12%和13.1%，均达到了两位数的增长（数据来源：中国国家统计局）。

对作为追赶者的中国而言，推动劳动生产率增长的基础来源于人才（知识）红利。据统计，随着我国义务教育的普及和高等教育的发展，今天的中国劳动力平均受教育年限已达10年左右，超过世界平均水平；新增劳动力平均受教育年限更已在13年左右，基本达到中等发达国家水平。尤其需要强调的是，中国的基础教育和高等教育均在快速地发展、完善之中，与教育发达国家的先进水平相比差距正在缩小。中国的教育正从以机械地传递、复制固有知识为主的传统模式,向更加适应时代、强调创新思维的素质教育模式转型,虽然这一转型过程仍有诸多目标有待达成,但无疑教育模式创新所创造的人才(知识)红利将从基础上极大地促进中国国劳动生产率的持续增长。以美国为对比对象看,尽管迄今为止美国的高等教育无论从规模还是质量上仍然高居世界领先水平,但可以预见,依托中国庞大的人口基数、中国家庭(特别是城市家庭)对子女教育的高度重视,以及政府越来越多的教育投入,中国高等教育对美国的追赶步伐将越来越快。

尤其值得强调指出的是,近年来在中国政府的大力扶持下,"大众创业、万众创新"正在稳步推进之中,虽然其见效绝非一日之功,但从长远看这必将有利于我国劳动生产率的提高。按照经济学基础原理,位于"五大发展理念"之首的创新理念,与全要素生产率有直接的正向关系,通过对创新、创业的鼓励引导,供给侧结构性改革有望实现社会资源的配置优化,消化冗余产能,从而推动企业效益和资源配置效率的增长。显然,对创业、创新的高度强调,这本身是一种重大的理论创新与制度创新,对于提高生产效率具有重要作用。

此外,近年来中国还有诸多的政策调整将间接地有利于劳动生产率的进一步提升。例如,在传统的GDP核算体系中,企业的研发投入不计入GDP,由此导致地方政府更倾向于依赖简单上新项目、新"摊子"以实现GDP增长;而目前新的国民经济核算标准已修改为研发投入能够计入 GDP，这一改变对鼓励企业加大对技术进步的投入是明显的积极信号。又如，在税收政策中提出对企业研发投入抵扣所得税的政策进行优化，使更多的企业研发投入可以享受这个政策，并对前期的投入进行了追溯抵扣。再如，正在积极实施或酝酿中的结构性减税，把更多的减税资源聚焦在企业研发领域，也势必将推动技术进步及由此带来的劳动生产率提高。

第三章　货币经济的失衡与增量再平衡

在相当长的一个历史时期,东西方对于货币经济的重视程度有显著的差异。在西方,无论是地中海文明还是希腊罗马文明,均对货币经济有更高的关注。随着金银贵金属矿的开采、贵金属货币的广泛使用,尤其是通过官方铸币使金银获得权力的"加持"成为"通货"后,贵金属铸币既已独立于单一政权,成为超越国家、超越时代的标准,从而极大地促进了世界范围的贸易和商业活动,金银由此几乎等价于财富(以致重商主义经济学直接宣称金银是财富的唯一形式[①])。虽然这一进程几乎在全球范围内都得到了推进,但相对西方国家而言,由于中国封闭农业大国的环境和社会结构,在很长一段历史时期中货币更多地局限于交换工具;同时,中国历史上曾长期实施的低质铜合金货币本位使货币在中国很难被赋予上层社会的财富内涵,加之儒家文化"君子喻于义,小人喻于利"的意识形态压制,货币往往带有道德的贬义,甚至耻于被提及,由此导致中国对于货币经济的重要性在很长一段时间内均认识不足。

但进入近现代后,随着各种金融中介的出现和成熟,随着各种

[①] 语出重商主义经济学家蔡尔德(J. Child,1630—1699)。

金融工具的出现和大规模使用,随着政府金融监管手段的出现和丰富,金融深化①进程不可遏制地展开,货币经济在宏观经济运行中的重要性在东西方都得到了越来越深刻的认识。本章即在上一章实体经济视角分析的基础上,重点从货币经济视角出发展开对失衡与再平衡的分析。

第一节　国际货币体系的发展沿革

与实体经济领域国际分工的三个时代的阶段性划分类似,伴随着经济全球化的推进,国际货币体系也呈现鲜明的阶段性特征。但与受互通有无动机的基础推动很早就开始出现的实物贸易不同,直到 20 世纪初叶完整意义上的国际货币体系才初步建立。纵观其发展历程,迄今为止短短一个多世纪,先后经历了从金本位制到金汇兑本位制、布雷顿森林体系和牙买加体系四个阶段,国际货币也随之从黄金本位到英镑中心、美元中心。尤其值得强调的是,自 2016 年 10 月 1 日起,人民币正式成为 SDR 篮子货币。展望未来,作为全球第二大经济体和制造业第一大国的中国,在

---

① 金融深化:政府放弃对金融市场和金融体系的过度干预,放松对利率和汇率的严格管制,使利率和汇率为反映资金供求和外汇供求对比变化的信号,从而有利于增加储蓄和投资,促进经济增长。

国际货币金融市场上必然会发挥越来越大的影响力。显然，人民币逐步在国际货币体系中增加影响将有力推动国际货币体系的多极化发展，这一趋势无疑会对未来的再平衡进程发挥显著的货币经济影响。

一、金本位制度

18世纪以前，各国之间主要以金、银贵金属作为支付手段。西方国家货币体系经历了由银本位到金、银复本位的过渡时期。通常，金本位制度指的是金币本位制，历史上还出现了金块本位制和金汇兑本位制。金本位的意义在于用黄金确定了货币的价值，黄金既是对内支付货币，又是对外支付货币。其典型特征是金币可以自由铸造和兑换，黄金在各国之间可以自由进出口。

二、金汇兑本位制

第一次世界大战爆发后，各国为了筹集军费，纷纷发行不兑现的纸币，禁止黄金自由输出，金本位制随之告终。为了节约黄金使用，1922年，意大利热那亚国际经济会议决定实行金汇兑本位制。在该制度下，国内只流通银行券，银行券不能兑换黄金，只能兑换实行金块或金本位制国家的货币，国际储备除黄金外，还有一定比重的外汇，外汇在国外才可兑换黄金，黄金则作为最后的支付手段。实行金汇兑本位制的国家，要使其货币与另一实行金块或金币本位制国家的货币保持固定比率,并通过无限制地买卖外汇来维持本国货币币值的稳定。

在金汇兑本位制下,各国出于自身利益考虑,以货币贬值为手段,引起了国际经济秩序的混乱。1929—1933年,世界经济出现了大萧条,通货紧缩和产能过剩相伴而行,摧毁了西方国家的金块本位制与金汇兑本位制。人们对纸币缺乏信心,对黄金的需求大增,超出了国家财政能力,以英国为首的各国相继放弃了金本位制。

在西方国家普遍实行纸币流通制度的情况下,货币信用制度危机不断加深,无法建立统一的国际货币体系,而相继成立货币集团。货币集团是在其内部以一个主要国家的货币作为中心,并以这个货币作为内部储备货币进行清算。集团内部外汇支付与资金流动自由,但是对集团外的收付与结算则实行严格管制,黄金作为国际结算手段,发挥其世界货币职能。1933年,美国成立美元集团,1939年发展成美元区。美元区内的国家货币与美元挂钩,实施固定汇率制。在区内不实行外汇管制,成员国的外汇与美元基本都存储在美国。同年英镑区也随之建立,主要包含英国和英联邦地区。当时的客观环境造就了国际社会缺乏统一的货币体系。

三、布雷顿森林体系

二战后,欧洲大陆国家损失惨重,英美两国逐渐成为战后国际秩序重建的倡导者。但此时，英国经济实力因为战争已大为下降，而美国则在战争中大发横财，经济实力如日中天。1944 年，美国已成为世界最大经济体和最大黄金储备国，GDP 在全球的占比达到 50%，黄金储备达到 63%。1948 年，美国成为世界最大的债权国。为了帮助欧洲和日本等国家获得美元，美国先后推出了针对欧洲的"马歇尔计划"和针对日本的"道奇计划"①。美国逐渐替代英国成为全球货币和金融体系的领导者。

时任美国财政部部长助理哈里·怀特和英国经济学家凯恩斯分别提出了重新制定国际金融秩序的方案，凯恩斯提出"国际清算同盟计划"，主张建立世界性中央银行，实现对各国债权债务在中央银行的记账清算。设立国际通货"班珂"，并与黄金保持联系。成员国不必缴纳基金，按照二战前三年各国进出口额分配其份额，逆差国可向中央银行借款。凯恩斯方案的目的在于允许各国在中央银行以记账形式贷款，避免本国货币贬值。此举有利于英国恢复英镑区，而不利于建立以美元为中心的货币体系。怀特提出"联合国外汇稳定基金"方案，主张成立国际货币和相应组织，保持各国与国际货币汇兑比例。会员国共同投资设立基金，基金为会员国提供便利，以维持各国货币的稳定。同时，他也提出设立国际通货"尤尼塔斯"。经过激烈的博弈，1944 年 7 月，在美国召

---

① 即"马歇尔计划"在日本的翻版，通过美国援助极大促进了二战结束后日本经济的复苏和复兴。

开的联合国货币金融会议，通过了以"怀特计划"为基础制定的《国际货币基金协定》和《国际复兴开发银行协定》，确定了以美元为中心的国际货币体系，即布雷顿森林体系。1945年12月，国际货币基金组织和世界银行正式成立。

布雷顿森林体系的重要特征，一是美元与黄金挂钩。各国确认35美元一盎司的黄金官价，各国政府或中央银行可按官价用美元向美国兑换黄金。为使黄金官价不受自由市场金价冲击，各国政府需协同美国政府在国际金融市场上维持黄金官价。二是其他国家货币与美元挂钩。其他国家政府规定各自货币的含金量，通过含金量的比例确定同美元的汇率。三是实行可调整的钉住汇率制度。四是确定各国货币兑换性与国际支付结算原则。

布雷顿森林体系的建立对当时全球经济和资产价格起到了很大的推动作用，美元也因此成为国际货币体系中的核心货币。然而，其固有缺陷也逐渐显现，即存在"特里芬难题"或称"特里芬悖论"[①]。具体而言，一方面，为了向全球提供美元储备，美元需要保持币值稳定，这要求美国保持顺差；另一方面，为保持其国际货币地位，又要以逆差输出美元流动性。另外，美国若要履行兑换黄金义务，必须有充足的黄金储备。20世纪50年代开始，美国经济开始恶化，随着两次美元危机，在长期逆差的情况

---

① 该问题首先被美国经济学家罗伯特·特里芬于1960年的经典论文所揭示，故名"特里芬难题"或称"特里芬悖论"。

下，美国的贸易赤字迅速扩大，美国的黄金库存迅速流失。1969年，在特里芬教授的建议下，国际货币基金组织引入特别提款权加入国际储备体系,但多年来特别提款权并未发挥出预想的作用。

1971 年 8 月，尼克松政府宣布实施《新经济政策》，放弃官方兑换比价，停止履行外国政府或中央银行使用美元向美国兑换黄金的义务,单方面撕毁了 1944 年美国政府与世界各国达成的这一协定。日本、加拿大等国家宣布实行浮动汇率制。1973 年，随着固定汇率制度的瓦解，这一体系最终解体。

四、牙买加体系

布雷顿森林体系崩溃后，不稳定的国际金融秩序给各国经济造成动荡。1976 年 1 月，国际货币基金组织理事会在牙买加举行了关于国际货币基金协定修订的会议。会议形成了《牙买加协定》。1976 年 4 月，《国际货币基金组织协定第二修正案》在国际货币基金组织理事会通过，至此牙买加国际货币体系成立。牙买加体系标志着货币正式迈入信用货币时代。

《牙买加协定》的内容包括：一是实行浮动汇率制度的改革。《牙买加协定》正式确认了浮动汇率制的合法化，承认固定汇率制与浮动汇率制并存的局面。二是推行黄金非货币化。废除黄金条款，取消黄金官价，国际储备体系由布雷顿森林体系中单一美元逐步演变为多元的储备体系。三是增强特别提款权的作用。提高特别提款权的国际储备地位，SDR可以偿还国际货币基金组织的贷款，使用特别提款权作为偿还债务的担保，各参加国也可用特别提款权进行借贷。牙买加体系解决了布雷顿森林体系下汇率的僵硬关系，但并未解决各国国际收支失衡和汇率波动所带来的风险，货币危机频发，国际货币体系仍需进一步改革。

第二节　国际货币体系的失衡与再平衡

在以上四个阶段中，阶段性变革的推手都是原有的制度安排不能因应现实的要求而出现失衡，为解决再平衡问题产生了新机制的萌芽，并在与传统机制的竞争中显示出其优势，最终取代传统机制。具体而言，在古典的金本位和金汇兑本位时代（大致对应于实体经济分工的英国时代），英国是最大的受益者与霸主，英国在世界范围的经济扩张与殖民掠夺使其获益匪浅。从对外投资看，1870—1914年期间，英国对外投资占全球对外投资的比重高达41.8%，远超过排名第二的法国（19.8%）和第三的德国（12.8%）[1]，截至1914年，英国在海外的国民净财富占其国民总财富的32.1%，换言之，英国的财富中有近三分之一以海外资产的形式保有。基于庞大的海外投资所形成的长期、持续的利润回流，加

---

[1] 数据来源：《全球通史——1500年以后的世界》，斯塔夫里阿诺斯（2006）。

之大量的国际贸易,在古典金本位和金汇兑本位时代,英国、法国、德国等欧洲中心经济体长期保持国际收支顺差,与之相对应,阿根廷、澳大利亚、加拿大等非欧洲边缘经济体则持续逆差(阿根廷的逆差最高时曾多达同期GDP的30%),用今天的标准看,当时的全球失衡达到了一个难以想象的程度。这样一个严重失衡的机制,稍有负面因素拖累就会难以维系。

对以英镑为中心的传统机制的冲击于第一次世界大战爆发时到来,经过一战的冲击,老欧洲国家经济实力大打折扣,按照可比价格计算,英国在1920年的GDP仅为1913年一战爆发前夕的95%,法国为87%,而战败国德国仅为71%(麦迪森,2009)。不仅如此,老欧洲国家的海外投资损失巨大(德国受战败影响甚至全部损失殆尽)。与老欧洲的衰落形成鲜明对比的则是美国实力的大幅提升,经一战一役,美国成功地从战前的债务国发展为最大的债权国,并由此开始携巨额的黄金储备推动国际货币金融体系的重构,并最终于二战结束之后的布雷顿森林会议上正式取得了全球货币体系核心的地位,建立了以美元为中心的布雷顿森林体系。

所谓"布雷顿森林体系",得名于当年召开会议的地名。美国在二战即将结束前反思战争的成因,认为一战后,当时的战胜国集团没有及时抓住机遇,设立引导世界经济合作与发展的机构,最终受"大萧条"的负面拖累,导致以德国为代表的一战战败国为摆脱经济困境走上侵略扩张的道路，从而导致第二次世界大战这一人类历史上空前的重大历史灾难。基于以上反思的结果，美国在二战结束后即开始大力推动国际经济与金融合作。1944年，44个国家的代表齐聚布雷顿森林，最终签署了《联合国家货币金融会议的最后决议书》以及《国际货币基金组织协定》和《国际复兴开发银行协定》，以美元为中心的固定汇率体系由此建立。

按照历史学家孔华润[①]的观点，"美国梦的光辉顶点在布雷顿森林会议上展露无遗"——布雷顿森林体系的主要成果即通过美元与黄金挂钩、其他货币与美元挂钩的双挂钩机制确保主要经济体货币之间的汇率基本稳定，美元在这一机制中发挥了中心的作用，而在布雷顿森林会议上创建的国际货币基金组织（IMF）和后来被称为世界银行的复兴开发银行中，美国都充当了事实上的领导地位。毋庸讳言，作为美国主导建立的布雷顿森林体系，当然在服务美国长远利益上发挥了重要的作用，但经过几十年的实践，多数经济体的领导人和社会公众也陆续打消了疑虑，接受以下观点：与此前的国际货币金融体系相比，布雷顿森林体系在有利于美国的同时也在一定程度上实现了推动世界经济发展的目标。迄今为止，作为布雷顿森林体系的重要成果，IMF和世界银行一直是世界经济体系的支柱，它们向遭受各种经济困难和危机的经济体提供了多种援助，支持各种发展项目，对提升发展中

---

① 孔华润（Warren I. Cohen），美国著名历史学家。

家的增长潜力，进行了重要的支持。具体而言，(1) 世界银行的职责是：解决欠发达国家经济发展的国际援助问题，主要作用是向第三世界国家贷款。(2) IMF 的职责是：鼓励和确保发生经济衰退乃至危机时，陷入困难的经济体通过国际金融合作（而不是以邻为壑）来解决问题。

不过，这一以美元为中心的国际金融制度安排在构建阶段也埋下了一个重大隐患：美元被赋予了过多的责任，其地位随着时代的变迁被越来越严重地高估。20 世纪六七十年代，由于美国经济形势的恶化，作为美联储发钞基础准备的黄金开始从美国外流，在前述双挂钩体制下，美元危机不可避免地爆发。1971 年，为阻止黄金外流，美国明确拒绝用黄金兑换美元，大多数经济体由此放弃本国货币与美元的固定汇率，这一变化事实上标志布雷顿森林会议所构建的固定汇率制度的结束。而作为布雷顿森林会议的另一个主要成果，世界银行和 IMF 的运作也受到了多方面的诟病。有论者指出，在 1980 年至 1995 年间，由 IMF 所主导和推动的各项改革被应用于世界上诸多经济体，影响了 80% 左右的全球人口，但在相当一部分经济体都产生了不良的负面结果（典型案例包括墨西哥、阿根廷、尼日利亚、俄罗斯、印度尼西亚等遍布各大洲的人口大国），这对 IMF 等国际经济组织的声誉和权威造成了很大影响，以致连世界银行最终也不得不承认：20 世纪 80 年代末很多接受世界银行和 IMF 改革计划的国家经济表现糟糕。

进入 20 世纪 90 年代后，IMF 等由布雷顿森林会议所建立的国际组织由于在历次金融经济危机中的应对策略受到了更多的批评。1997 年亚洲金融危机爆发后，在美国的坚持下，IMF 主导了几乎所有的援助行动。结果是：诸多受援方抱怨 IMF 不仅没能尽到职责及时提供援助，还在援助中附加各种不必要甚至有害的条件，导致局势更加混乱。英国《经济学家》称，IMF（和西方国家）在危机中不仅救援行动姗姗来迟，而且在迟到的救援中提出了诸多苛刻条件，使危机国无论政府还是社会公众不仅对救援没有感恩戴德，反而有普遍的怨恨情绪。回溯历史可以发现，自 20 世纪 70 年代以降的每一次全球经济衰退中，均出现了一批卷入危机急需援助的经济体。但主导国际援助的 IMF 和世界银行总是强调"没有改革就没有贷款"——要从 IMF 和世界银行获得紧急贷款或其他信贷支持，受援经济体进行由 IMF 等主导的改革是一个前置条件，往往不加区别地要求受援经济体实施市场开放、消除投资和外汇管制、由世界市场来决定利息和利率、缩小公共部门的规模、取消原有的财政补贴等。如果这些改革能够发挥作用当然不会引发太多的负面评价，但不幸的是，从效果看，在危机期间贸然实施这些举措，往往可能使受援方暴露在新的风险和动荡之中，这不能不让其受到了主要来自发展中国家的诸多批评（其中最尖锐的批评之一来自 1997 年亚洲金融危机中的马来西亚）。而在 2008 年金融危机爆发后，批评的声浪开始在发达国家中更多地出现。例如，美国《战略预测》周刊即发表文章称，作为布雷顿森林体系遗留下来的机构，IMF本应发挥金融"灯塔"与危机处理的作用，但事实上，当国际金融体系的核心国家——美国自身遭遇危机时，它却显得束手无策。《基督教科学箴言报》称，在剧烈的变化下，"IMF正变成旧时代的纪念品"。这可以说是美国主导的传统国际金融体系受到的最刻薄的来自美国人自己的批评。

尽管批评日益严苛，但一个制度化的框架确立并运行已久，因此迄今为止IMF和世界银行仍在国际经济体系中发挥着重要的作用。事实上，面对各种批评，特别是随着新兴市场经济体的崛起，IMF和世界银行也主动或被动地作出若干改革。2010年IMF实施改革，发展中国家和转型国家增加了共计3.13%的投票权（中国的投票权比例增加至4.42%，仅次于美日）。世界银行也做出了类似的改革。虽然经过博弈，美国在以上国际经济组织中的地位有所下降，但仍然保留了"一票否决"的权力，显然，从中国等新兴市场经济体的角度看，基于布雷顿森林会议及其改进版的牙买加体系仍未能及时对新兴国家的经济成长作出足够的响应，在再平衡过程中仍有巨大的调整空间。无论如何，当前"金砖国家"的经济实力大大增强，中国、印度已成为推动全球复苏的最有力引擎，理应在在IMF和世界银行等组织中有更多的话语权。

第三节 英国脱欧与欧洲的失衡

尤其值得重视的是，在现行的国际货币机制中，除美元这一最大的货币圈外，欧元、英镑等重要的币种也纷纷出现严重的混乱，并对相关经济体及其主要贸易伙伴造成了巨大的汇率风险敞口。

对欧洲而言，作为传统发达经济体，自 2010 年以来即受到欧债危机的巨大冲击，已呈风雨飘摇之势，老欧洲国家中除德国外其余经济体都限于衰退（如法国）甚至危机（如意大利、西班牙等），而 2016 年英国退欧，则成为自欧盟诞生以来欧洲一体化进程所遭受的最大的直接打击——我们可以将之视为欧洲（欧盟）出现失衡的标志性事件。

一、英国脱欧的动因

由于历史与地理的原因，自 19 世纪晚期以来，英国一直奉行对欧洲大陆事务不干预的政策，被称为"光荣孤立（splendid isolation）"[1]。进入 21 世纪后，作为老牌强国的英国，因历史传统和地理位置的原因，原本即与欧洲大陆国家存在的相对较深隔

---

[1] 所谓"光荣孤立"，是拿破仑战争后英国开始执行的一项长期外交战略，即在和平时期，英国不愿对于可能发生的事件，预先同任何大国缔结长期同盟。这个政策的目的在于维持英国自身行动的自由，努力保持欧洲大国之间的均势，自己则扮演一个制衡者的角色。该战略的实施期大致从 19 世纪 60 年代到 20 世纪初叶。

阁并没有完全弥合，在欧洲一体化进程推进过程中原本就有民意的反弹。由此导致的妥协是：英国虽然可以发行自己独立的货币、加入欧盟，但并非欧元区国家。

鉴于欧元自诞生后很快受到发端于希腊（并迅速蔓延至西班牙、葡萄牙、爱尔兰、意大利等其他欧洲大陆国家）的政府债务危机的巨大拖累，英国保持独立货币政策和英镑独立地位的措施被事实证明对保持出口竞争力有利。但是，这也使得英国很难真正参与欧洲大陆的事务处理。尤其是在欧债危机的关键时期，由于各种利益分歧明显，相对疏离的地位也导致英国国内产生了"丧失其在欧盟中的地位与参与权"的疑虑。

需要说明的是，不仅英国的普罗大众中一直有对欧盟（和欧洲联合）的不信任和疑忌情绪，长期执政且在英国政坛有重大影响力的英国保守党内部也有所谓的"欧洲怀疑派"。在他们看来，欧盟内部的若干政策可能损害到英国的利益。特别是自欧债危机爆发以来，由于危机在欧洲大陆国家的持续蔓延且始终无法完全停息，英国国内对欧洲经济一体化前途和得失的评价日趋负面化，使"疑欧"情绪最终发展到"脱欧"实践。

与英国日益浓厚的疑欧、脱欧情绪相对应，欧盟其他国家对英国的"离心离德"日渐不满。在欧洲大陆国家的公众看来，英国作为欧盟的一员，在欧洲一体化进程中长期表现消极：它在此前保留了独立货币，拒绝加入欧元区；在危机爆发后又以各种理由拒不参加欧盟的危机救助方案，不为缓解危机出力，甚至在危机中反对多数欧盟国家建议的金融监管。

从以上两方面的情况看，双方相互信任的基础已受到极大的动摇。正是在这样的内外环境下，英国的脱欧派大力宣扬加入欧盟后英国受到的制约与损失。例如，受欧盟协议的限制，每年需缴纳给欧盟财政80亿英镑的款项等财政负担；90%的英国经济活动根本与欧盟无关，但仍然受欧盟的掣肘，因此脱欧将使英国许多中小企业不再受到欧盟规章制度的局限，就业机会可能会因此增多。凡此种种，不一而足。

在此舆论背景和公众压力下，有关脱欧的议论最终进入政府决策层面，2013年1月，时任英国首相的卡梅伦正式承诺，如果他赢得2015年大选，将在一年内批准所需法律，制定与欧盟关系的新原则，然后就脱欧问题举行全民公投，让英国人有机会直接选择继续留在或退出欧盟。最终这一公投如期于2016年6月23日举行，51.9%对48.1%的微弱多数决定了英国正式开启脱欧进程。

二、英国脱欧的影响：欧洲经济失衡的标志？

客观地讲，在欧盟经济限于持续低迷，且面临难民潮冲击的当下，英国退出欧盟，在短期内对英国无疑是有利的。英国不仅可以立即省下每年需缴纳给欧盟财政的80亿英镑款项，而且可以彻底摆脱欧盟各种"繁文缛节"的限制，让英国企业能够创造更多的国内就业。

但从长远看，显然英国脱欧对欧盟与英国而言都难言"双赢"。从英国的角度看，在政治方面，脱欧将使英国不能再参与到欧盟的决策之中，英国无法依托欧盟在欧洲和全球事务中发挥作用，其国际地位和影响将大打折扣；在贸易方面，英国与欧洲大陆向来唇齿相依，脱欧势必对英国与欧洲大陆国家之间的贸易联系产生负面冲击，甚至可能影响到伦敦作为全球金融中心及国际资本避风港的地位。英国国内商界领袖，包括英国首富、维珍集团主席布兰森（Richard Branson）已发出警告，指出英国脱欧后需要与欧盟重新谈判两者关系，导致新的不确定性，有损商界利益。而在本章集中分析的金融方面，自英国脱欧公投结果公布后，开启了英镑的断崖式贬值模式，将这个以金融立国的老牌资本主义国家[1]带到了一个未知领域的路口。

尤其需要指出的是，按照经典经济学理论，英镑下跌起初被认为有利于英国的发展，但目前的问题在于从6月脱欧结果出炉后至今，英镑走势一直"跌跌不休"，近期更开始与国债收益率出现背离，由此导致英国经济面临萎缩性滞涨的威胁。

英镑下跌起初被认为有利于已决定脱欧的英国，因为贬值的

---

[1] 时至今日伦敦仍然是全球两大金融中心之一，英国在国际大宗商品市场（如北海布伦特原油、黄金）、国际保险市场等金融市场上仍然拥有全球定价权。

英镑加上宽松货币政策发挥作用后可以为英国经济提供缓冲，他们认为英镑像欧元或其他地区货币一样贬值是让英国经济重整旗鼓的灵丹妙药。但截至目前，英镑贸易加权指数已经跌至新低。自 2015 年 8 月至今，英国央行公布的广义贸易加权指数已经下跌了超过 20%，而超过三分之二的跌幅都是在脱欧公投后发生的。

现在可以清楚地看到，英镑既不是因为德国总理默克尔、法国总统奥朗德等欧洲政要就英国脱欧的强硬讲话（许多支持英国脱离欧盟的人士都非常推崇挪威和瑞士模式，即与欧盟有双边贸易协议，但不成为欧洲经济区的成员，两国可以进入欧盟统一市场，但在农业、捕鱼业、司法和内政事务上不受欧盟的法律约束。但默克尔、奥朗德均已明确宣布，将不会容忍英国对于欧盟条约"挑肥拣瘦"的态度，德国和法国已警告英国不能妄想在拥有 27 个成员的欧盟"随意挑选自己想要的规则"。欧盟不可能允许退出欧盟的英国享有像挪威和瑞士那样的经贸优惠；也不是因为由于金融市场的乌龙指、流动性不足等市场机制问题（因为短暂的市场失灵或情绪性波动不可能持续到目前近半年的时间）。以上两方面因素都只是英镑持续贬值的诱因，而不是根本原因。从深层次看，英镑的弱势更可能显示市场对欧洲现有的金融与经济制度安排失衡的巨大忧虑。更严重的是，考虑到当前欧洲整体经济形势的持续低迷，相较于中美这样的经济体而言，欧洲的再平衡面临更多的难题，可能导致其再平衡过程遥遥无期。

虽然有诸多从社会心理到整体误判等多种因素综合导致英国脱欧这一欧洲一体化进程重大挫折的发生，但必须指出的是，英国脱欧的根本原因仍然在于欧盟在近年来的欧洲一体化进程中陆续暴露出的问题。可以说，自欧盟成立以来，这一全新的一体化组织在高速发展的同时也出现了诸多问题乃至失误。除广为人知的2010年欧债危机外，今年爆发的塞浦路斯危机是最新的一例（详见下文的参考材料）。从这个角度看，全球化的另一个中心——欧洲也开始出现因失衡而面临越来越大的不确定性。

罗杰斯：塞浦路斯开了先例 看好俄日

量子基金联合创始人、目前在新加坡从事投资活动的吉姆·罗杰斯（Jim Rogers）表示，欧盟和国际货币基金组织要求塞浦路斯银行储户承担损失来实施对金融系统的援助设定了一个危险的先例，投资者应该"赶紧寻找山头躲起来"，至少他本人已经在这样做了。

目前担任罗杰斯控股公司主席的吉姆·罗杰斯是在接受

CNBC访问时提出这个建议的。他表示，政客们都说塞浦路斯是一个特例，希望大家不要担心，但是这恰恰是投资者们应该关心的问题："你还要等什么？赶紧逃跑吧，赶紧跑到山上躲起来。我反正是这么干了。"他强调："我得确保我不是被困住的那一个。想想那些可怜的人，本来还想着有个银行账户的，现在忽然发现自己要为塞浦路斯的稳定'做贡献'。这些政客们的胆子也太大了。"

杰姆·罗杰斯在节目中强调："如果你相信政府的话，那你离破产就不远了。"他表示："至于我，既然现在有了这个例子，我正在确保不在全世界任何一家银行的账户里放太多钱。国际货币基金组织说：'来吧，把银行账户扫荡一番'，欧盟也附和说：'就打劫银行账户吧'，你可以肯定其他国家在发生问题的时候会怎么干了——既然欧盟都这么做了，国际货币基金组织也不反对，咱们也可以的。"

杰姆·罗杰斯说，他已经开始在多个欧洲国家执行这个策略，确保所有银行账户的余额都在受保险的范围内："每个人都应该这么做，要不下一次这种事情发生的时候，就该你发疯了。"

杰姆·罗杰斯表示，他在欧洲还拥有瑞士法郎和多种持有数十年的投资，但是他很肯定"不会继续在这个地方投资了。欧洲这个地方太可怕了，他们居然从人民的银行账户里面直接抢钱"。

第四章　收入分配的失衡与增量再平衡

在前文的分析中，我们分别从实体经济与货币经济两个不同的视角就国际经济失衡与再平衡机制进行了分析，但观察近年来失衡背景下的经济运行和社会发展趋向，任何一个长期以来追踪社会舆情的观察者都会产生如下疑问：在过去半个多世纪的时间内，在经济全球化、金融深化和科技进步的多重推动下，虽然也出现了多次金融经济危机，以致失衡和再平衡成为当前亟待解决的现实问题，但整体而言，这半个多世纪中创造出前所未有的社会福利和经济增长绩效，使绝大多数人口享受到前所未有的物质生活水平。但为何就是在这样的宏观背景下却出现了以"占领华尔街"运动为标志的对金融深化进程的"反动"、以英国脱欧和特朗普用孤立主义政策参选并赢得相当数量选民支持的对经济全球化的"反动"？

进一步，如果以上社会动向只是少数人的选择，我们尚可以简单地将之归因于部分群体的非理性选择，但面对蔓延美国上百座城市的"占领华尔街"运动，面对多达1570万支持脱欧的英国选民，面对持孤立主义立场的特朗普在传统支持自由贸易的共和党初选中的压倒性胜利，我们必须不仅要从经济理性的角度，还要从社会心理的角度对这种越来越明显的"非理性选择"进行合理的解释。

第一节　包容性增长：一个理论切入点

我们认为，之所以出现以上的"吊诡"，可以用亚洲银行最早提出、由美国政治经济学家阿西莫格鲁（D. Acemoglu）和罗宾逊（J.A.Robinson）加以理论深化的包容性增长理论加以解释（阿西莫格鲁，罗宾逊，2015）。

所谓"包容性增长"，按照亚洲银行最早提出的原始定义，系指"集中于能创造出生产性就业岗位的高增长，能确保机遇平等的社会包容性以及能减少风险，并能给最弱势群体带来缓冲的社会安全网"。其根本目标系推动经济发展成果能更大限度地让全社会所有民众分享。换言之，与传统的增长模式相比，包容性增长更多地强调机会平等，更多地强调公平合理地分享经济福利。因此，这一概念带有很强的平等、公平、协调、可持续色彩，从而在相当程度上与传统的经济增长形成了区别。在此后的研究中，不同的论者为包容性增长进一步增添了以下内涵：鼓励和推动全球化成果更大范围的分享；保护和补偿利益受损群体与弱势群体；加强扶持中小企业和个人；保持经济增长过程的平衡；维持和鼓励投资与贸易自由化进程，反对各种形式的保护主义；重视社会稳定等。因此，这一期待中的"包容性增长"如能搭乘，在一国经济内部则首先能实现和谐增长、科学增长，进而有利于弱势群体——财富分配应该是公平的，不同社会阶层都能从增长中获利，最终这种增长将有利于社会发展、公共服务和精神文明水准的提升。而在国际角度，"包容性增长"将有利于实现"帕累托改进"：一个国家的增长，不会抑制他国的发展，不损害他国的利益；国与国之间将相互协调、实现多赢、共赢。

自2007年亚行首次提出这一概念后，因为其切中现实得到了普遍的重视，在实践层面，中国较早就响应和接受了这一科学理念。2010年，时任国家主席的胡锦涛同志两次在国际公开场合阐述对"包容性增长"的中国观点，明确提出了"让更多的人享受全球化成果、让弱势群体得到保护、在经济增长过程中保持平衡"等包容性增长的特征。显然，这一系列认识不仅可以应用于中国国内经济与民生建设，而且可以应用于未来的国际再平衡机制设计。在理论研究层面，阿西莫格鲁（D. Acemoglu）和罗宾逊（J. A. Robinson）对包容性增长得以实现的政治与经济制度设计进行了较为系统的挖掘，从政治经济学的视角得到了如下有启发性的研究成果[1]：

首先，阿西莫格鲁和罗宾逊用包容性（inclusive）和汲取性

---

[1] 以下归纳系转引自《国家为什么会失败》译序，参见《国家为什么会失败》PI-XVII。

(extractive)、政治和经济这两个维度对制度进行刻画，从而提出了包容性政治制度、包容性经济制度、汲取性政治制度和汲取性经济制度等概念。他们没有对这些概念进行界定，而是借用历史上不同国家或地区的政治经济制度进行了描述性说明。

历史上大部分国家在大部分时期内采取的是汲取性政治制度和汲取性经济制度。比如，"光荣革命"前的英国、大革命前的法国、殖民地时期的北美、南美及拉美、非洲以及亚洲。所谓汲取性，从政治上看，人民或者说广大公众没有决策权、表决权和选择权，当权者或者统治者要么是世袭的，要么是通过革命由军阀或军人担任的，精英人物或者既得利益者在制度的选择或政策制定中起着重要作用，结果所选择的制度或者制定出来的政策成为一部分人攫取另一部分人利益的工具；从经济上看，所有的经济制度或者经济政策都是由当权者、统治者或者精英人物制定出来的，他们通过各种垄断权、专卖权、市场控制等掠夺生产者，使得生产者只能够得到所生产产品的一少部分甚至得不到所生产的产品，结果就是生产性激励不足。又如，历史上欧洲殖民者对南美洲秘鲁、巴西和北美洲墨西哥等的殖民，欧洲殖民者从非洲大量贩运奴隶到美洲、亚洲等国家或地区进行奴役性劳动等，殖民地的土著居民被剥夺了所有的政治权利和经济权利，被迫为殖民者工作，他们建立起来的是典型的汲取性政治制度和汲取性经济制度。通常情况下，汲取性政治制度和汲取性经济制度是对应的，如果一个国家或地区采取汲取性政治制度，那么其很有可能建立起来的是汲取性经济制度。

与汲取性制度相对应的是包容性制度（包括包容性政治制度和包容性经济制度）。历史上，许多国家通过革命建立起了包容性政治制度和包容性经济制度，现在大多数发达的民主国家采取的就是包容性政治制度和和包容性经济制度。所谓包容性，从政治上看，强调人民或者说广大群众具有政治权利，能够参与政治活动，选举领导人或当权者，选举政策制定者，领导人或当权者是人民或者选民的代理人而不是统治者，任何人都有成为领导人、当权者或政策制定者的机会或可能性；从经济上看，强调自由进入和竞争，任何人都没有通过垄断、专卖或者市场控制获得超额利润的机会，人们都可以获得生产性收益的绝大部分或者全部，人们具有很高的生产性激励。一个良好的包容性经济制度可以保证在经济上不论是谁都难以获得特许垄断权。一个典型的例证是：甚至像世界首富比尔·盖茨（Bill Gates）也曾受到美国联邦法院的反垄断调查——而盖茨的微软公司通常被视为在很大程度是通过技术创新获得的垄断地位。

为什么有些国家建立起了包容性制度而有些国家建立起了汲取性制度呢？阿西莫格鲁和罗宾逊对建立包容性制度和汲取性制度的国家或地区进行历史分析后给出了答案。他们认为，在现代，有些国家建立包容性制度之前，几乎所有国家采用的都是汲取性制度，比如"光荣革命"之前的英国、大革命之前的法国、独立之前的美国以及明治维新之前的日本等。那么，这些国家为什么能够建立起包容性政治制度和包容性经济制度而其他国家没有呢？他们认为，这些国家建立起包容性制度并非必然，而是偶然的。阿西莫格鲁和罗宾逊强调偶然因素、偶然事件的作用。他们采用了"制度漂移"（institutions drift）这个术语。制度的发展变化就像浮在水面上的冰块的漂移，两块本来在一起的冰块，可能会越漂越远,原因就在于它们在许多偶然因素的影响下渐行渐远。两个国家或地区的制度本来可能一样，但是它们的发展变化可能会在各种偶然因素的影响下渐行渐远，并最终导致本质的差别。比如，北美洲和南美洲都同为欧洲人的殖民地，在欧洲殖民之前，这些地区并没有本质的差别。但是，西班牙人最先到达了南美洲，并且开始了掠夺性殖民地的建立过程，到处搜刮黄金、白银以及其他各种贵重物品，西班牙人由此迅速获得了巨额的财富；而当英国殖民者到达北美洲的时候，试图学习西班牙人在南美的殖民做法，但是由于资源分布和人口分布的差别，没能够学习西班牙人的殖民模式。结果，北美洲和南美洲走向了不同的发展道路。在当时的条件下，西班牙发现南美洲是偶然的，在南美洲的登陆地点是偶然的，在南美洲登陆后的所作所为也是偶然的。西班牙人能够从南美洲获得大量的黄金、白银等，英国人不能够，结果西班牙人在南美洲的殖民方式就是掠夺性的，而英国人却不得不在北美发展生产,通过生产获得可以攫取的资源。这最终导致北美能够发展起生产活动、先进的技术等,而南美却在资源受到严重掠夺的情况下越变越穷。此外,偶然性的制度漂移还被用以解释欧洲不同地区之间的制度差异。具体而言,"光荣革命"发生在英国而没有发生在西班牙,这是因为面对奢侈的王室生活和战争等威胁,英国王室相对于西班牙面临着更大的财政压力,从而不得不跟议会妥协以获得更多的征税许可,但是西班牙王室不需要这一妥协,因为它从美洲获得的大量金银使其国库充足。由于"光荣革命"首先发生在英国,使其最早建起了包容性政治制度,进而建立起了包容性经济制度,结果工业革命最早发生在英国而不是欧洲其他国家。

总之,按照阿西莫格鲁和罗宾逊的观点,包容性制度的建立具有偶然性,但这一偶然建立的包容性制度却恰好是实现长期经济增长的条件!一个国家或地区要实现长期经济增长,需要包容性政治制度和包容性经济制度并存。这是因为包容性政治制度和包容性经济制度能够克服汲取性制度下阻碍经济增长和社会发展的不利条件或负面因素,并且能够为长期经济增长创造动力。具体而言,包容性制度有以下几方面的优势:

(1)生产者之间的激励。在包容性制度下,生产者有充分的激励性动力从事生产活动,因为生产者能够占有所生产产品的大部分或者绝大部分,并且对此有稳定的预期,生产者从事生产活动的激励性动力完全是内生的，不需要强制，这种生产具有稳定性和持续性，能够长久进行下去。

（2）避免攫取者任职期限约束下的掠夺性攫取。在包容性制度下没有攫取者，这就避免了汲取性制度下统治者、当权者或任职者通过个人权力或权威进行攫取的行为。正是这种包容性制度，避免了汲取性行为，提高了生产者之间的激励。

（3）避免了攫取者之间的非生产性活动，并促进了生产性活动的发展。在包容性制度下，人们更多的是从事生产性活动，通过发明、新技术等的采用获得有利的生产条件，而不是通过从别人那里攫取维护既得利益或者获得额外收益，这样能够鼓励创新、发明和新技术、新的生产条件的采用，进而促进生产。比如，美国的比尔·盖茨（Bill Gates）是世界首富，主要是通过技术创新或发明创造来获得超额利润成为世界首富的，在他成为世界首富后还经常受到美国联邦法院等的反垄断调查或诉讼并且时刻面临着微软被分拆的危险。而与之形成鲜明对比的则是墨西哥的电信巨子、世界首富卡洛斯·斯利姆（Carlos Slim）。一般认为，他主要通过获得政府特许垄断了墨西哥的电信产业，进而将整个电信产业收购为私有财产。显然，盖茨和斯利姆创造财富或者使个人致富的方式有本质的差别。从微观经济学的基本观点看，通过创新所形成的垄断尚可以接受（但仍然需要通过有时效的专利保护期避免垄断地位的永续）；而通过行政特许所获得的垄断则在经济绩效上可能对整个社会的福利水平产生负面影响（甚至导致设租与寻租行为的发生）。盖茨是在包容性制度下创造财富并致富的，而斯利姆则是在汲取性制度下通过垄断定价等进行攫取而致富的。

第二节 全球化进程中收入分配的现实分析

对比以上研究结论，我们可以发现，在迄今为止的国际经济与金融体系中，虽然整体福利水平和经济绩效有前所未有之增长，但在强调分享、公平的包容性方面却恰好存在显著的缺陷。

一方面，从世界范围看，经济全球化和国际分工有明显的受益国家和"被遗忘国家"。按照经济合作与发展组织（OECD）的定义，"经济全球化可以被看作一种过程，在这个过程中，经济、市场、技术与通信形式都越来越具有全球特征，民族性和地方性在减少"。结合二战后经济全球化的实践，从这一权威定义可以推导出经济全球化带来的三个影响：（1）世界各国经济联系的加强和相互依赖程度的提高；（2）各国国内经济政策与法规不断趋于统一；（3）国际经济协调机制强化，尤其各种多边或区域组织对世界经济的协调和约束作用越来越强。从结果看，建立在市场经济基础之上，高度依赖科技进步与生产力发展，最早由美国等发达国家推动的经济全球化，通过分工、贸易、投资、跨国公司和要素流动等，前所未有地实现世界范围内的市场分工与协作，推动了世界各国的相互融合，创造出了空前的经济增长绩效。

如前所述，经济全球化显然有利于资源和生产要素在世界范围的优化配置，有利于资本、产品，乃至劳动力的流动，有利于现代科学技术的普及与应用，有利于欠发达经济体的经济与社会发展，是20世纪后半叶依赖人类发展进步的基础动力。但毋庸讳言，全球化对具体的个别国家而言，则机遇与挑战并存。特别是对经济实力薄弱、科学技术落后、人力资本积累有限的发展中国家，猝然卷入全球化浪潮，面对全球性的激烈竞争，所承受的风险、挑战将更加严峻。尤其是进入21世纪以来，互联网技术的大规模普及与应用，全球金融市场的相互溢出影响，跨国公司的全方位发展，既给世界贸易带来了重大的推动力，也带来了诸多不确定因素，导致许多新的问题和矛盾出现。发达国家是二战以后经济全球化的主要推手，显然发达国家整体而言是全球化的主要受益方，而对发展中经济体而言情况则相对复杂，其中有若干经济体积极主动地依托自身的要素禀赋，参与到国际分工之中，从而在较短的时间内实现了经济成长所需的资本积累、技术积累和市场培育，同样在经济全球化中获益匪浅（典型代表有20世纪60年代的"四小龙"、70年代的"四小虎"、80年代以后的中国以及90年代以后的印度等经济体）。但也有若干经济体，受制于主观（经济发展战略的失误和要素禀赋的欠缺等）或客观（国际资本流向、地缘政治环境的恶劣等）因素的制约，沦落为经济全球化的"被遗忘国家"（时任联合国秘书长潘基文语①）。显然，对于这部分"被遗忘国家"而言，全球化不仅从相对意义上可能加深他们的"失败感"，甚至可能由于其他经济体挤占其传统市场、挤压其传统产业而形成绝对意义上的"失败"。以最富有国家与最贫穷国家的人均收入数据看，1800年，亚欧与北美的整体收入水平基本处于同一档次，最富有国家的人均收入是最贫穷国家的人均收入的两倍；到19世纪末，英美等国家的人均收入已是亚洲的10倍；到20世纪中叶，发达国家的人均收入进一步扩大到第三世界国家的30倍。

但是，前文所提及的反全球化浪潮，显然更多地发生于原本属于全球化进程受益方的发达国家，这不能不提醒我们除进行国家与国家之间受益或"被遗忘"的分析外，还需要在国家内部不同阶层（或族群）中寻找受益方和"被遗忘方"。我们通过瑞士银行发布的2014年底的全球财富报告②，通过其中一项数据——各个国家最富有的10%人口控制了这个国家多少财富，可以清晰地看到在全球化浪潮中受益方与"被遗忘方"所存在的财富占有的越来越大的差距：

截至2014年，在该报告采样的46个全球主要经济体中，俄罗斯最富的10%人口控制了该国84.8%的财富，高居榜首；而只有两个国家的最富10%人口控制的财富占全国财富一半不到（比

---

① 参见 http://news.sohu.com/20080422/n256436125.shtml。
② 参见 http://wallstreetcn.com/node/209438。

利时47.2%，日本48.5%）。从2000年到2014年的十五年间，最富的10%人口拥有的全国财富比例上升幅度最大的是中国（15.4%，香港为11.9%）、埃及（12.3%）。而波兰（−7.1%）、沙特阿拉伯（−6.9%）和新加坡（−6.4%）则有较大幅度的下降，具体如表4-1所示。

表4-1 2014年全球代表性经济体最富10%人口拥有财富占全社会财富比例

Country	Wealth Share	Change, 2000—2014	Country	Wealth Share	Change, 2000—2014
Russia	84.8%	7.7%	Mexico	64.4%	−4.5%
Turkey	77.7%	11%	China	64%	15.4%
Indonesia	77.2%	6%	Austria	63.8%	0.8%
Philippines	76%	−3%	Poland	62.8%	−7.1%
Thailand	75%	0.6%	South Korea	62.8%	9.6%
United States	74.6%	0%	Germany	61.7%	−2.2%
India	74%	8.1%	United Arab Emirates	60.4%	1.3%
Peru	73.3%	0%	Singapore	59.6%	−6.4%
Brazil	73.3%	3.9%	Ireland	58.5%	0.3%
Egypt	73.3%	12.3%	Portugal	58.3%	0.5%
Switzerland	71.9%	−1.5%	New Zealand	57%	−5.3%
Malaysia	71.8%	−5.2%	Canada	57%	−4.5%
Argentina	71.8%	8.7%	Greece	56.1%	1.3%
South Africa	71.7%	−0.5%	Spain	55.6%	1.5%
Chile	68.9%	1.3%	Netherlands	54.8%	−0.4%
Sweden	68.6%	−1.1%	Finland	54.5%	−0.5%
Denmark	67.5%	−1.4%	United Kingdom	54.1%	2.6%
Czech Republic	67.3%	4.6%	France	53.1%	−3.3%
Israel	67.3%	4.9%	Italy	51.5%	−1.1%
Saudi Arabia	66.4%	−6.9%	Australia	51.1%	0%
Norway	65.8%	−1.2%	Japan	48.5%	−2.5%
Colombia	65.2%	−4.2%	Belgium	47.2%	−0.3%

数据来源：《全球财富报告》，瑞士银行，2014.

第三节 全球化背景下收入分配中的结构性非均衡问题

由前文的分析可见，至少在瑞士银行（2014）的统计中，作为全球最大的两个经济体，也是本书所集中探讨的中国与美国，在收入分配上并没有发展到极度不平等的程度。其中，中国虽然在进入新千年后的十五年中最富有人群所占有的财富占比有较高的增长速度，但考虑到绝对比例（64%）仍只居于全部46个样本经济体的中游（第25位），可以认为整体仍属正常范围（尤其考虑到中国经济高速增长的背景下本身就存在快速造富的内在动力）；而美国的绝对占比（74.6%）虽然在46个样本中高居第7位，但在进入新千年后的十五年间奇迹般地维持不变，显示收入分配不均的格局至少没有出现显著的恶化。从这个整体样本数据看，让我们很难理解为什么在2008年危机爆发后，从2011年的"占领华尔街"运动会在美国一度蔓延？而到2016年特朗普的极端孤立主义（反全球化）倾向又为何得到了如此大比例选民的认可？

要对以上疑问进行合理的解释，传统的总量分析工具已不能胜任，必须要引入新的结构化分析工具。我们认为，引入收入分配在层级、行业、空间地理等结构上的非均衡性分析，可以给出逻辑自洽的解释。

从中国的情况看，近年来，中国劳动成本上升的整体趋势十分明显（以致一直有观点认为过快上升的人力成本削弱了中国产品的国际竞争力），据著名管理咨询公司 Hay Group 所完成的一项在整个世界范围内进行的调查，2008 年以来，扣除通货膨胀因素，中国薪资平均增长 10.6%，这一涨幅高居世界第一。[1]

初看劳动力整体的收入增长速度十分惊人，但通过进一步的结构分析可以发现：

（1）如果将劳动力按层级标准分为三个层次（低端办公职员、中级专业人员和高级管理人员）进行分层分析，则在中国市场上可以明显观察到不同层级劳动力需求供给状况显著不同（即使在中国已经进入"刘易斯拐点"[2]的背景下，相比低端职位，中级专业人员和高级管理人员的需求量增长更大，人才供给则相对受限），由此导致高级管理人才薪资增幅最高（22%），超过整体增长速度（10.6%）一倍以上。事实上，类似的情况会发生在多数经济体——由于高端人才的供给不足，其薪资增长速度普遍远高于低端劳动力。在印度和中国这两个经济发展阶段较为近似的国家，三种层次职业薪资增长的鸿沟最大。显然，不同层级劳动力薪资增速上不断拉大的差距加大了社会贫富差距的分化。[3]

（2）如果将劳动力按就业的行业去向划分为两个大类（传统

---

[1] 报告参见 http://www.haygroup.com/cn/search.aspx? q=%u5168%u7403%u85aa%u8d44%u8c03%u67e5。

[2] 所谓"刘易斯拐点"，是发展经济学一个重要的专业术语，指发展中国家在经济成长过程中经历的从劳动力近乎无限供给向有限供给的转折点。

[3] 印度高级管理人员薪资增幅更超过 30%。

产业和新兴产业，每个大类下进一步向下细分）进行分类分析，则在中国市场上同样可以明显观察到不同产业类型劳动力需求供给状况的显著不同（新兴产业对人才的需求量增长迅速，供给则相对滞后），由此导致新兴产业就业人员的薪资无论在绝对金额还是增幅上都远高于传统产业。以互联网产业为例（互联网是过去十余年中国发展最为迅速的行业之一），根据互联网招聘平台100offer公布的2016年夏季招聘数据，移动互联网、互联网金融和电子商务三个领域的人才，平均年薪（企业向应聘者开出的面邀年薪，下同）均高达29万元（其中技术经理平均年薪达39.7万元，平均年薪最低的前端工程师也有26.8万元），无论绝对金额还是同比增幅远超过传统行业和社会一般薪资水平。类似地，在印度，软件行业的薪资水平同样远超过这个新兴市场经济体的一般收入水平。

显然，由以上基于层级划分和行业划分所进行的比较很容易得到一个结论：在经济全球化进程中，高端人才和新兴行业的从业人员更容易在劳动力市场上获得更高的薪资收入，成为经济增长的（更大）受益者；而低层劳动力，特别是传统产业的低层劳动力则在薪资的绝对水平和增长速度上都相对"吃亏"，甚至可能面临"结构性失业"（即在经济结构出现快速转变的阶段，部分行业的高速发展伴随着部分行业的急剧衰退；衰退性行业释放出以前吸纳的就业人口，而由于劳动技能要求的不同，这部分新的失业人口无法转移到急需人才的新兴行业。这种劳动力过剩与岗位空缺并存的现象被称为"结构性失业"）的威胁，这些经济增长的"相对"利益受损方很容易成为全球化的反对者。显然，这个分析结论符合观察到的社会现实。

将考察的范围扩大到发达国家可以发现，相较于中、印这样高速成长的新兴市场经济体，发达国家中不同层级、不同就业者间的工资增幅差距较小。除经济增长环境的不同外，还与发达国家劳动力市场上有政府定期提高的最低工资标准和强有力的工会不断讨价还价有关。此外，对于欧洲国家，自2010年危机以来，要求高薪者分担经济危机负担的公众舆论压力也使得三类人之间工资增长步伐较为一致。但是，在欧债危机爆发后欧洲的劳动力市场存在着严重的失业问题（西班牙等卷入危机的国家一度整体失业率超过20%，青年失业率超过50%），居高不下的失业率意味着社会上始终存在着数量庞大的"绝望阶层"，他们在收入分配上显然属于绝对的"利益受损"。

综上所述，从收入分配的角度看，全球化背景下的国际劳动力分工导致如下结果：在整体福利水平得到显著提升的同时，有部分经济体（即"全球化的被遗忘方"）、部分层级（主要是低层劳动力）、部分行业（多属趋于衰退的传统行业）存在着利益相对甚至绝对（主要是失业人口）的损失。收入分配上这种层级、行业和空间上的结构性非均衡，是导致近年来全球经济和社会发展失衡的重要社会心理动因。有关的再平衡机制设计，也由此需要进入结构分析的层面。

对这一重大理论和现实问题所进行的研究，以法国经济学家托马斯·皮凯蒂[①]（2014）的《21世纪资本论》最为引人注目。在他的研究中，集中区分两个基本要素：资本和劳动力，两者都被用于生产并分享产出的收益。资本与劳动力的区别在于，资本可买入、卖出、拥有，而且从理论上讲可无限累积，劳动力是个人能力的使用，可获得酬劳，但不能被别人所拥有。皮凯蒂认为，由于资本回报率总是倾向于高于经济增长率，所以贫富差距是现代经济的固有现象。他由此预测，发达国家贫富差距将会继续扩大。皮凯蒂对过去300年来的工资水准做了详尽探究，并列出有关多国的大量收入分配数据，旨在证明近几十年来，不平等现象已经扩大，很快会变得更加严重。在可以观察到的300来年的数据中，投资回报平均维持在每年4%至5%，而GDP平均每年增长1%至2%。5%的投资回报意味着每14年财富就能翻番，而2%的经济增长意味着财富翻番要35年。在一百年的时间里，有资本的人的财富翻了7番，是开始的128倍，而整体经济规模只会比100年前大8倍。虽然有资本和没有资本的人都变得更加富有，

---

① 托马斯·皮凯蒂（Thomas Piketty，1971—），法国著名经济学家，任教于巴黎经济学院。

但是贫富差距变得非常大。在以上分析的基础上进而提出了相关政策建议，提出了一系列简单的建议：征收15%的资本税（财富总额），把最高收入人群的所得税提到80%左右，强迫银行提高透明度，提高通货膨胀等。

《21世纪资本论》自出版后，由于切中发达国家的时弊，其影响扩大到整个社会层面；但同时在方法论等理论基础和数据挖掘方法上都引起了较大的争议。因此，本书对收入分配问题的理论探讨，将更多从分工理论和经济地理等领域展开。

具体而言，按照R. Hudson（2016）的观点，可以把国际劳动力分工分为三个阶段：工业革命之后至20世纪70年代的旧的国际劳动力分工（Old International Division of Labour）；全球化资本主义时代开启的新的国际劳动力分工（New International Division of Labour）。当前新的国际劳动力分工对国家内部的劳动力分工和不均衡发展有显著影响。

1970年之前全球资本主义的政治经济地理可以概括为：旧的国际劳动力分工。旧的国际劳动力分工指的是工业革命以来，欧美国家的工业化和殖民化扩张促使殖民地国家变成其原料产地和商品销售市场，形成一个极端的核心－边缘模型。欧美国家的发展建立在亚非拉国家的欠发达基础之上。20世纪以来，这个空间秩序被不断冲击，如苏联和中国等社会主义国家的建立、二战后日本和亚洲"四小龙"等东方经济体的崛起。然而，这个空间秩序因为美国的强势主导而并没有被终结。

20世纪70年代之后,世界经济逐渐进入全球化时代,西方国家的经济危机频发。这一时期,在整个老的工业化世界,城市、地区和国家的经济正经历大量与北大西洋福特主义危机相关的破坏性的社会空间转型,以及跨国公司主导的新的国际化劳动分工的建立。20世纪70年代后城市和区域的重组不得不被理解为一种世界范围内的经济、政治和社会空间转型的表现和结果。跨国公司为了追求利润最大化把生产基地从老的工业化国家转移到新兴的市场经济体(从美洲的墨西哥到东亚的中国等)。与此同时,西方国家出现了显著的去工业化进程,全球城市开始发展总部经济,一个全球范围内新的"中心—边缘"模型出现。这就是Peter Dicken提出的术语——"全球转移"(Global Shift),其描述的是全球化时代的经济地理大变革。

Hudson的理论中,对本书研究最大的启发在于引入了新的"国际劳动力分工2.0"这个概念。通过考虑多尺度空间之下的反身性对空间不均衡发展的影响(如全球层面上新的国际劳动力分工对中国和英美的空间不均衡发展的影响),可以发现:改革开放之后,由于中国选择性地融入全球生产和贸易网络,从空间角度讲,就是选择一部分地区先进行制度变革,通过优惠政策先开放一些城市和地区，吸引了跨国公司的入驻和投资（典型的例证即因取得经济增长巨大成功而广为人知的"沿海经济特区"），这种经济地理导致国家内部劳动力的大量流动和区域不均衡发展深化。对于英美来说，则是经济的去工业化和高度金融化带来的金融排斥现象的发生，大量的资本进入金融领域，而金融机构又选择利润回报更高的大城市，导致很多欠发达地区出现严重的金融排斥和传统产业衰退，其典型的例证就是产业经济学和经济地理中的"铁锈地带"（rust belt）。所谓"铁锈地带"，最初指的是美国中西部五大湖附近，传统工业衰退的地区，现可泛指工业衰退的地区。在19世纪后期到20世纪初期，美国中西部因为水运便利、矿产丰富，因此成为重工业中心。钢铁、玻璃、化工、伐木、采矿、铁路等行业纷纷兴起。匹兹堡、密尔沃基、克利夫兰、辛辛那提等工业城市也一度相当发达。然而，自从美国步入以第三产业为主导、制造业转移至海外的经济体系之后，这些地区纷纷衰败。很多工厂被废弃，而工厂里的机器渐渐布满了铁锈，因此那里被称为"铁锈地带"。

  显然，根据以上分析，在全球范围内配置资源与生产的产业链和价值链是导致收入分配在地理空间、劳动力层级和行业分布上出现结构性不均衡（失衡）现象的根源。对这一失衡问题的解决——再平衡机制，必须从结构上加以设计。

收入分配失衡的社会影响：以美国为例

美国近30年来贫富孩子间的机会差距已拉开，这从根本上侵害了"美国梦"：每个人不管他们的家庭背景如何，在生命中都应有好机会成功的想法。

日益增加的差距显示在许多不同的儿童幸福指标中。他们的家庭稳定性——来自受过大学教育家庭的孩子极可能生活在双亲家庭中，而在受过高中教育家庭中长大的孩子，则占美国人口的三分之一以上，其中三分之二现正在单亲家庭中长大。

不断增长的差距显示在父母对其孩子投入的时间和资金的多少上。在资金方面，多年来差距加大很快，以致一般来自受过大学教育家庭的孩子，其资金花费高出七倍多，用于像夏令营、钢琴课、高质量日托等事务上。

它显示在父母与其孩子在一起的时间长度上，我们称之为"晚安月亮时间"，即父母陪孩子玩耍、陪其阅读的时间长度等。一直到1975年，在这方面没有任何社会阶层差异。但现在，来自受过大学教育家庭的孩子一天会多出45分钟与父母在一起的时间。最新脑科学阐明，这对孩子有着非常重要的长期影响。

　　它显示在孩子所上学校的质量上，它显示在孩子完成的教育程度上，它显示在孩子们拥有的考试成绩上。考试成绩是上面的第三点，在受过大学教育的家庭中它的占比在上升，而来自高中教育家庭的孩子则没有。

　　　　　　　　　　（整理自美国著名社会学家罗伯特·帕特南的访谈）

第五章 全球性失衡的终极影响：全球化会逆转么？

在前文的分析中，我们分别从实体经济、货币虚拟经济和收入分配这三个不同的视角对当今所面临的全球性失衡问题进行了分析。研究结果显示，在几个世纪的全球化进程推进下，现有的国际经济格局已经积累了严重的失衡问题。

近年来，这一长期积累的失衡已经影响到社会心理层面，甚至出现了"逆全球化"（或被称为"反全球化"）的思潮乃至现实的社会运动。在此背景下，我们必须回答如下严峻的问题：是否存在逆全球化的潮流？若存在，是暂时的现象还是会进一步延续？如果延续，全球化会被彻底逆转吗？最后，为避免全球化被彻底逆转，有哪些可能的对策？显然，对这些问题的回答，如果是"是"，则意味着原有格局的失衡；而相应的对策，正是本书所探讨的再平衡机制的设计，将决定人们的选择与行动，进而决定全球经济的未来。

第一节 2016年欧美出现逆全球化倾向

2016年，美国共和党总统候选人唐纳德·特朗普明确提出，他的信条不是"全球主义",而是"美国主义"。他所主张的贸易政策不仅反对TPP,还反对北美自由贸易区,甚至还扬言要让美国退出世界贸易组织(WTO)。简而言之,在经济发展的道路上,美国要"轻装简行"。

除了特朗普外,反对全球化和经济一体化的还有推动英国退欧的政客。经历了诡异的公决之后,英国人决定退出欧洲联盟,让观察家们大跌眼镜。鼓吹脱离欧盟的人认为,英国向欧盟付出的太多,而在当下的国际经济和政治形势下,英国能够从欧盟获得的太少。虽然在退欧之后据说就有很多英国人后悔了,但无论如何,现今的结果是一个危险的信号。如果英国仅仅从政府的进出账上决定是否退欧,那么美国当然有理由为那些因为国际贸易而失业的工人退出WTO,德国也完全可以不再把大量的财富拿出来补贴欧盟其他国家。

更重要的是,类似的信号并非第一次出现。从1947年开始,基于自由贸易的理论,世界贸易组织及其前身一直在努力建立一套全球化的贸易体系,最大可能地降低各国之间的贸易壁垒。可惜,达成协议的难度一次比一次高。最新的一轮多哈回合谈判从15年前开始,直到今天还没有最终结果。

多边贸易体系建立迟迟难以推进,这本身就是全球化面对的危险信号。一方面,参与经济全球化的成员越来越多,但世界贸易组织全体一致的表决机制决定了谈判只能在众多成员中寻找

"最大公约数"。另一方面,自由贸易经历了降低关税等初级阶段,已经开始面临越来越多的技术性难题,如降低非关税壁垒、知识产权保护等,在经济发展阶段各异的成员之间讨论这些问题本身就困难重重,更不用说强势的发达国家不断在谈判中增加"私货",让谈判更加遥遥无期。

全球化面对的另一个危险信号就是以 TPP 为代表的贸易集团以及近年来流行的双边自由贸易协定。从谈判角度看,可选择对手的小范围谈判远比多边谈判容易。但国际贸易不可能只在小范围内进行。例如,经济学家在分析 TPP 的内在矛盾时就曾经指出,这个排斥中国的贸易协定是"在王子不在场的情况下排演哈姆雷特"。而各国之间复杂的双边自贸协定以及其中的最惠国条款、原产地规则,更是把国际贸易从商业行为变成专业的"法务行为",其中的千头万绪就像是混乱的"意大利面条碗"。

结果,这些试图"抄近路"推动自由贸易和全球化的举动不仅没有达到目的,还因为彼此规则的交叉降低了自由贸易的程度。从 2006 年开始,世界全球化进程基本上停滞不前,特别是 2008 年全球金融危机以来,全球化更是举步维艰。

只可惜,经济全球化带来的世界分工是一个不可逆的过程,即便是高呼贸易保护的特朗普也是在全球化贸易中攫取财富的。现在,他号称要"让美国重新强大"。在一个全球分工业已成熟的时代,美国真能仅靠自己的力量"重新强大"?

对于欧洲而言，反全球化则可能意味着一个四分五裂的欧洲大陆重新出现，这可能意味着贫穷与危险。一些欧洲媒体发现，现在宣扬民粹主义和专制主义的欧洲政党的支持率几乎是2000年时的两倍，而且它们还进入了9个欧洲国家的政府或执政联盟。例如，瑞典极右翼政党民主党是议会第三大党，丹麦右翼民粹主义政党丹麦人民党是议会第二大党。明年这一趋势将会加剧，如法国极右翼政党国民阵线主席玛丽娜·勒庞是2017年法国总统选举的热门人选。

从这个层面上看，全球化在当代社会面对的最大问题是"政治意愿的减弱"。换句话说，西方国家政客看不到在支持全球化中能够获取怎样的利益。为了缓解国内经济放缓带来的压力，西方发达国家政府普遍开始在移民、投资和贸易等议题中扭扭捏捏地做出倾向于保守的政策调整（唯一的例外是德国的默克尔政府，但却因此在2016年选举中受挫）。

历史上对此早有先例。20世纪70年代末至80年代，风头正劲的日本汽车就曾在美国遭遇过自由贸易的"滑铁卢"。"就让那些丰田车在码头上生锈吧"，这句话成了日美贸易战中的名言。作为一名西方政客，在经济不振的背景中最廉价、最有效的政治万金油就是"指责外国人"。房价上涨，可以说是由有钱的外国暴发户移民造成的；工人失业，可以说是外国商品廉价倾销导致的。这种狭隘的政治借口在短期内能够吸引大量对现实不满的选民投票,却与全球化所要求的长远眼光相悖。

从某种意义上看,今天全球化面对的"逆全球化"算不上是新问题,如第四章的分析,其核心仍然在于全球政治经济秩序下的分配问题。过去几十年间,全球化已经从一种思潮变成了一种世界性的生产方式。中国投资的电影选用美国好莱坞演员,在欧洲拍摄、在大洋洲制作后期、在中国院线上映,这已经不是新闻。但相形之下,与这种生产方式配套的分配机制还没有建立起来。发达国家和发展中国家在很大程度上还在依照冷战思维下的国际金融体系对全球化的红利进行分配。在这种情况下,全球化的经济却无法实现全球范围的"一荣俱荣、一损俱损"。出现经济发展困难时,割肉离场自然成了利益受损(或者仅仅是感觉利益受损)的经济体、组织和社会群体的"天然倾向"。

第二节 逆全球化的原因分析

以 2016 年美国的"特朗普现象"和英国公投脱欧为重要标志,今年以来,从华盛顿到伦敦,美欧发达国家的反全球化浪潮似乎迎来了一个高潮。全球化以往主要由美欧国家主导和推动,但如今美欧却似乎要调转方向,迈向全球化的对立面。为此,人们不能不产生"全球化时代面临终结"的疑问。

过去几十年间，全球化可以说带来了世界范围内的繁荣和发展，虽然有反对声音，但从未成为欧美社会的主流。与全球化的倡导者相比，反对者似乎一直面目模糊，往往以目标游移不定的抗议者形象出现在各种国际会议会场之外。

然而，今年接连出现的反移民浪潮和英国脱欧却让人突然意识到，全球化的反对者俨然正在撼动乃至改变美欧整个政治体系。2016年美国大选更是被描述为美国的孤立主义和全球主义之战。

英国《金融时报》评论员爱德华·卢斯发现，美国共和党总统候选人特朗普的支持者和英国脱欧的支持者在人口构成方面几乎惊人地相似——同属大西洋两岸的蓝领白人。基于前文第四章的分析，这一群体成了当前反对全球化的中坚力量，其根本原因在于收入不平等。2008年金融危机和2009年欧债危机重创美欧国家经济后，这点表现得更为明显。

虽然倡导者称赞全球化逐渐让世界变平，但从客观上来说，一个平坦的世界在很大程度上更符合商业阶层的利益。资本的逐利本性、资本与劳动的收益严重不对称，以及全球化条件下资本更加自由流动，使得"富者更富、穷者更穷"。

显然，全球化一方面使世界范围内的经济绩效和福利水平得到快速提升；但另一方面导致大多数国家，尤其是高收入国家内部不同社会阶层之间的差距加大，甚至出现向极度不平等恶化的趋势，而"极度的不平等终将变得难以为继"。这一判断似乎已在美欧得到有力的印证。例如,在英国脱欧公投中,除苏格兰和北爱尔兰外,在英格兰、威尔士只有伦敦等几个大城市倾向"留欧",而那里恰恰是受惠于全球化进程的"金领"、精英阶层聚集地。

类似英国的这种地区分化现象也出现在其他欧洲国家。英国《经济学人》曾经报道,在多瑙河畔的奥地利工业城市林茨,其中心城区卡普兰霍夫区满是创业公司和科技公司,在这里,全球化意味着客户和机会。而距离卡普兰霍夫几英里以南的地方则是一个截然不同的林茨,那里一片萧条和贫穷。在那里,全球化意味着衰败。

全球化的支持者通常拿出西方经济学的标准理论,用于论证自由贸易有利于所有参与其中的国家,但事实证明,参与国家的内部必然有赢家和输家,赢者欢欣鼓舞,而输者心存怨恨。多年来,美欧主政的精英阶层一直忽视国内全球化输家的命运,导致当前反精英主义情绪高涨,最终造就了诸如"特朗普现象"。

由此,美欧当前之所以出现反全球化现象,在很大程度上是因为利益分配严重不均,国内分配政策失当。然而,在美欧当前流行的民粹主义语境下,全球化俨然成了所有问题的"罪恶源头",从而形成一股来势汹汹的全球化"逆流"。

单纯从经济角度来看,这股"逆流"似乎不足为惧。毕竟,经济全球化的实质是生产要素的全球优化配置与市场开放的不断发展,依然能为发达国家和新兴市场带来净收益。而且从理论上来说，只要赢家补偿输家，就可以让全球化惠及所有人。[①] 此外，在各国高度依存和紧密联系的当代，几乎无法想象，虽然英国真正和欧盟分家，又即便特朗普胜出美国大选，那么英国和美国就会放弃巨大的经贸利益，实施孤立主义和闭关政策吗？显然，基本的经济学原理会告诉所有人这并非化解美欧当前社会矛盾的根本途径。

然而，经济利益得失不是全球化的全部，政治、社会、技术等方面的因素也会影响到一个国家的政策选择和公共选择，比如移民和难民问题，再比如恐怖袭击问题。回顾全球化发展历史，虽然大方向可以说一直保持不变，但期间也是起伏跌宕，比如当赢家和输家对立激化的时候，全球化进程就可能受阻、放缓，乃至后退。可以设想，如果美欧国家不平等现象难以解决，导致政治生态发生根本变化，显然就会对全球化今后的发展方向带来变数，并可能产生深刻影响。

面对美欧全球化"逆流"，诺贝尔经济学奖获得者、美国经济学家约瑟夫·施蒂格利茨[②]的观点很具有代表性，即"问题不在于全球化，而在于如何管理这个进程"。推动全球化继续前行，显然需要不同以往的国内和外部政策，全球化前景在很大程度上取决于管理的改善，而这又与全球治理改革密切相关。

---

① 即福利经济学中所谓的"帕累托改善"。
② 约瑟夫·斯蒂格利茨（Joseph E. Stigliz, 1943—），当今世界最著名的经济学家之一，诺贝尔经济学奖得主。

第三节 逆全球化可能进一步发展：
一系列预警信号

早已有之的"逆全球化"曾主要体现在学术界的思辨活动之中，除前文已涉及的依附理论、中心—边缘理论外，在古典经济学时代就已出现的贸易保护主义理论、比较优势陷阱理论等也被视为"逆全球化"的主要理论基础。但自20世纪90年代以来，"逆全球化"越来越多地从理论探讨进入现实社会运动的层面，并以1994年1月墨西哥的恰帕斯州印第安农民起义反抗北美自由贸易区开始，逐步从边缘经济体（墨西哥）蔓延到其他发展中国家（如菲律宾等），到今天已经进入传统体系中心的欧洲和美国。这一动向显示：哪怕在一般认为全球化进程主要的受益方——发达国家中，也开始有越来越多的利益受损方形成并集聚起来。前文已涉及的2016年发生的英国脱欧与美国的特朗普现象，就可以被认为是"逆全球化"的标志性事件和预警。

如果说英国脱欧与美国的特朗普现象还主要是社会政治的预警，则我们不能不严肃地指出，哪怕在纯经济的层面，也可以发现若干不利于全球化进程的迹象：

首先，众所周知，二战以后经济全球化进程的重要推手之一就是资本从发达经济体向欠发达经济体持续、大规模的流动，这为欠发达国家提供了重要的资本注入，成为新兴市场经济体实现经济起飞的关键要素之一。但是，从 2008 年美国的经济危机爆发以来，国际资本从新兴市场经济体开始转而回流到发达国家，并一直持续到今天，相当多的发展中国家外汇储备不断下降，已经开始威胁到其本币币值稳定甚至经济安全。

其次，作为全球化拉动经济增长的一个重要表现，全球贸易增速一直高于全球经济增速。从长期来看，贸易增速过去比 GDP 增速快 1.5 倍。当 20 世纪 90 年代全球化加速时，贸易增速是经济增速的两倍。

但在 2009 年，随着全球第一大经济体——美国陷入危机，全球货物贸易实际增速下滑的幅度高达 GDP 的 29.97 倍，名义增速下滑幅度更是 GDP 的 58.56 倍，以至于经济学界将其称为"贸易大崩溃"（the great trade collapse）。自 2012 年以来的近四年，全球货物贸易增速依然低于 GDP 增速，这种情形是 30 年来的第一次出现。

世界贸易组织最新的预测已将 2016 年的全球贸易增速预期下调超过三分之一，最新的预期增速为 1.7%，仅为 GDP 增长速度的 80%。世贸组织称，这标志着 15 年来国际商贸增速或将首次低于全球经济增速。WTO 同时下调 2017 年的贸易增速，最新的预期值为 1.8%~3.1%，4 月时的预期增速为 3.6%。

这凸显出一些担忧，即经历了全球化和全球贸易带来的一段长期增长后，各国政府正日益寻求以牺牲别国竞争者的利益来保护本国产业和帮助本土生产商。虽然各国政府都不承认贸易保护主义，但全球贸易增速已不再像过去那样高于经济增速。

对于全球货物贸易增速放缓，综合国内外学者的研究，可总结为十大原因[①]：

原因一：需求因素。

由于贸易增速的较强波动性，在分析其增长或下降时，首要的应是从短期因素加以考虑。2012年，世界经济增速为3.37%，2013年增速为3.28%，2014年预计增速为3.3%。与此同时，2010年和2011年世界经济增速均超过4%。全球经济增长放缓，收入增长缓慢，自然最终需求不足，众多研究文献强调了需求因素的重要性。如Eaton等人在2011年NBER的工作论文中就强调了需求下降对贸易灾难的重要贡献。该文献运用国际贸易中经典的Eaton-Kortum模型对此做了数值模拟分析。

原因二：中国加入WTO对世界贸易的拉动效应减弱。

2001年，中国加入WTO是全球金融危机前世界贸易快速增长的重要外在推动力。这不仅使中国出口高速增长，也使得中国进口快速增加，从而带动整个世界的贸易增速。近两年，中国贸易开始进入个位数增长时代，对世界贸易的拉动作用明显减弱。

原因三：全球价值链分工模式的背景因素。

现有研究普遍认为，全球价值链分工模式自20世纪90年代

---

① 参见 http://www.cssn.cn/jjx/jjx_gzf/201501/t20150114_1479336.shtml。

开始繁荣起来，这一分工模式的重要特点是产品的不同生产环节位于不同的国家。这一分工模式往往能对贸易增长或下降起到放大效应。比如，美国对中国产品最终需求的下降不仅导致中国出口下降，也会导致中国进口中间品的下降，从而导致不同生产环节国家的进出口均会受到影响，从而使得贸易增速下滑比 GDP 下滑更加严重。当然，如果 GDP 增速提升，贸易增速提升幅度往往也会更大。当然前提是，全球价值链得到修复。金融危机之后的两年贸易增速恢复迅速，但随即陷入低迷。这可能是全球价值链尚未完全修复的缘故。

原因四：全球价值链已发展到足够深的程度，边际深化程度有限。

这一原因是 WTO 提供的解释，《世界经济黄皮书》做了引用，即 20 世纪 90 年代以来，全球价值链分工模式发展迅速，在此过程中，贸易增速较高。但是，由于现在全球价值链已发展到足够深的程度，很难再深化，因此这一提升贸易增速的动力不复存在，从而造成现在的贸易低迷。如果这一判断成立，那么贸易增速低迷将是长期存在的现象。我们认为，全球价值链确实已深化到一定程度，再继续深化虽有较大潜力，但需要深层次的因素来推动，因此，边际深化难度加大。一般来讲，可以使用增加值出口和总值出口的比率（VAX Ratio，VAXR）来衡量各国全球价值链分工程度，该值越大，说明分工程度越低；该值越低，则分工程度越高。平均而言，世界整体的 VAXR 略大于 0.6，世界上 VAXR 最低的经济体只有 0.4，且属于小型经济体。因此，全球价值链往后继续深化确实有较大难度。

原因五：生产和贸易结构。

在认识危机期间 GDP 和货物贸易增速的差异时，还有一个不可忽视的重要因素是生产和贸易结构的不同。很显然，GDP 作为生产面，不仅包括商品生产，也包括服务生产，而服务贸易占总贸易比重是有限的，尤其是对于广大发展中国家而言。货物贸易中的耐用消费品一般容易受到危机冲击，即在危机来临时，消费者对必需品的消费下降较少，而大幅削减对耐用品的消费。但是，对于 GDP 而言，商品生产占其一部分，服务业的稳定可以熨平 GDP 增速的波动。

原因六：价格效应。

金融危机之后，大宗商品价格波动明显。以现价美元计价大宗商品价格指数 2008 年达到峰值水平 298.6，同年 12 月底跌到谷底 186（《黄皮书》，p.237）。由于各国财政政策和货币政策的刺激，2010 年和 2011 年大宗商品价格反弹起来，2012 年和 2013 年大宗商品价格则又开始下跌。这将会导致以货币单位衡量的贸易额下降。此外，危机期间，出口往往困难，出口商为促进出口，往往采用价格竞争的方式进行竞争，从而导致制造品价格也会不同程度的下降。2012 年以来，美元坚挺也会导致以美元计价的贸易额增速受到影响。近两年，美元指数整体呈现上涨态势。

原因七：融资受阻。

这也是现有文献较多关注的一个原因。金融危机期间，首先受到影响的是金融业，导致贸易信贷紧张，企业融资难，企业融资成本上升。即使危机之后，短期内也难以恢复。受此影响，出口和进口企业往往难以顺利获得生产或进口需要的资金，从而导致生产面的出口和需求面的进口均受到影响。

原因八：贸易保护。

危机期间，贸易保护程度甚于平常时期，也会影响全球贸易增速。根据已有的研究，包括反倾销、反补贴在内的贸易保护措施往往对企业出口的种类数和已有种类的出口数量都造成显著的影响。近两年的贸易保护程度并没有下降，出口面临的国际环境没有好转，使得贸易增速受到影响。

原因九：贸易和投资的替代关系。

在贸易保护较为严重的危机时期，各国企业往往转而通过对外投资来供应当地市场，从而减少出口。这种替代关系也是贸易受阻的一个因素。上述已经指出，危机期间，各国往往出现金融困难，从而相比往常更加欢迎外商投资带来的资金，使得企业更加易于投资（同等条件下）。

原因十：贸易增速放缓的最后一个原因是贸易自由化受阻。

多哈回合谈判启动后，一直没有完成，世界贸易自由化进程一直没有明显进展。在此背景下，以美国为首的发达国家开始启动区域经济一体化进程，但是近两年区域经济一体化进程也未取得明显进展。由此，世界贸易一直缺乏贸易自由化这一重要引擎的推动，在金融危机后世界经济增长低迷的情况下，贸易自由化受阻对贸易增速的负面影响便显现出来。

除了前文已经涉及的全球化分工、国际货币体系、收入分配、国际贸易等方面外，在其他领域我们也可以观察到一系列"逆全球化"的预警信号纷至沓来。

信号一：金融监管领域。

美国雷曼兄弟公司的破产案例显示，危机爆发之前在世界范围内大肆扩展业务的国际金融机构并没有在企业层面有效建立跨境应对、处理危机的内控机制。尽管各个国际经济组织和各国政府都努力加强外部监管，但危机爆发后各国政府仍然为维护自身利益选择本国优先。以经济一体化的前驱——欧元区为例，其原本致力于统一的银行系统（甚至已经设立了欧洲中央银行）在危机中重新分崩离析，建立银行业联盟的意愿被置于一旁，对暴露出流动性风险的银行的救助、处置措施主要在国家层面上进行。迄今为止，这一轮狭隘主义回潮直接表现为：欧洲各国政府一方面鼓励本国的金融机构收缩资产负债表，另一方面又为维持就业与经济增长鼓励银行向本国的企业增加提供信贷。

信号二：跨境投资领域。

金融危机迫使跨国公司对贸易和投资展开反思。许多公司认为他们的供应链延伸过长，于是决定转回国内市场。在世界范围内外资企业普遍面临海外投资国的监管敌意，地区性摩擦也促使人们重新考虑投资地点。在中国企业抱怨海外投资上受到欧、美、澳等发达国家越来越苛刻限制的同时，发达国家企业同样抱怨它们在新兴市场经济体所受到的限制。

信号三：在地缘政治领域。

国际关系理论研究中的"麦当劳国际关系理论"形象地认为：一个有麦当劳餐厅的国家不可能对另一个有麦当劳餐厅的国家开战，因为只要麦当劳开店，就意味着这个国家已充分融进全球经济，出于对自身利益的保护，她不会再去攻击包含自身利益在内的"全球经济联盟"。换言之，一旦两个国家展开相互贸易，他们之间开战的可能性就大大减小了。可是，当有400家麦当劳的俄罗斯与有70家麦当劳的乌克兰发生武装冲突的时候，已经基本宣布"麦当劳国际关系理论"的死亡或者无效了。诺贝尔经济学奖得主迈克尔·斯宾塞[①]即认为，当前繁荣所受到的主要威胁是地区紧张、冲突和对势力范围竞相声索的溢出效应，这些威胁迫切需要有效的国际合作来解决。

[①] 迈克尔·斯宾塞（A. Michael Spence, 1943— ），美国经济学家，哈佛大学、斯坦福大学教授。

信号四：信心缺失。

虽然斯宾塞强调地缘政治的影响，但他作为一个经济学家仍然坚持认为，从本质而言对曾经使全球加深相互依存成为可能的体制丧失信心才是全球化增长的最大障碍。

自 2008 年美国金融经济危机爆发之后，全球主要经济体均开始面临经济衰退，全球化进程能否维系亟待回答一个问题：未来的世界经济是否面临一个转折的临界点，在这个转折关口，信心的丧失将让普通社会公众不敢消费，企业家则不敢投资——无论是凯恩斯主义经济学，还是新保守主义经济学，都一致将消费和投资视为实现经济复苏的基础。

以上林林总总的来自政治、经济、政府监管、消费者和生产者信心的宏观和微观因素的加总，最终导致我们目前所面临的全球化失衡。

在过去 30 年的世界，其标志就是在自由贸易理念下，宽松的信贷环境和国际经济合作分工下实现的长波增长。但是，按照美联储主席耶伦[①]的悲观预期，这个时代可能即将终结。在下一个经济年代，市场将重新被国家和产业界限所区隔。世界经济格局经济全球化开始受到地缘政治重新崛起的挑战，大小国家在享受全球化带来的种种收益之后要开始承受全球化逆转的苦痛。以耶伦作为世界第一大经济体美国的货币政策领袖的身份，对全球化

---

① 珍妮特·耶伦（Janet L. Yellen, 1946— ），加州大学伯克利分校教授，现任美联储主席。

逆转给出了如此严肃的判断，从这个角度看，当前全球经济所面临的失衡已经到了必须有再平衡机制加以应对的时候了。

无论是从经济学的基础原理出发，还是作为全球化最主要受益方之一的中国的国家利益出发，我们都必须立场鲜明地强调：经济全球化带给人类的福祉有目共睹毋庸置疑。当欧美社会重新思考甚至怀疑全球化的时候，中国等新兴经济体正成为高举全球化大旗的新力量。

东方和西方：各有各的短板

西方：以美国为例的分析

自立国以后的200多年时间里，美国平均实际GDP增长速度为3.8%。而2000—2010年中，美国GDP年均增长仅1.9%，成为两百多年来第二糟糕的十年。

历史上仅有一个十年的经济增长比上述阶段还要糟糕，即20世纪30年代。那个十年过去之后，美国经济迎来了爆炸式的增长，这当然也是如今人们所希望看到的一幕。

第五章　全球性失衡的终极影响：全球化会逆转么？

然而，如今已经到了 2016 年（这个十年已经过去一半时间），经济增长的势头虽然在发达经济体中已属难得地较高，但远不如期望的那样强劲，更不用说爆炸式增长了。

那么如今相比于 20 世纪 40 年代有什么区别呢？答案非常令人遗憾，那时候还有个因素是战争——事实上，在经济史中，一直对到底是二次世界大战还是罗斯福新政（也就是凯恩斯主义）带动美国经济实现 20 世纪 40 年代的景气存在长期的、难以弥合的争论。

东方：真的会有"亚洲时代"？

法国经济、社会批评家索尔孟认为："亚洲在替代美国的说法，不过是对世界经济的误读。美国依旧占据着世界经济总量的 30%，这与二三十年前是一样的。"索尔孟说："对亚洲的快速发展势头，应该以'美国也在同时发展'的视角去看。要用全世界共同成长的观点对待'亚洲时代'。"他说："亚洲变富不会让欧美变穷。欧美发展时，亚洲也会发展。我们都是同一世界经济的利益相关者。美国拥有世界上 40% 的专利，美国在革新方面拥有优势。现在拥有革新优势的国家，会在未来享有强大影响力。"索尔孟强调称，考虑到欧洲也拥有世界专利的 30%，今后的世界经济增长将依赖欧美的技术开发，尤其是美国的革新力量。索尔孟表示，在技术革新领域，除了占世界专利30% 的日本，亚洲的韩国也值得关注。

他还指出,亚洲的概念具有模糊性。"亚洲似乎是相互没有关联的国家、国民和宗教的混合。拿中国来说,很难把中部地区的贫苦农民和上海的贸易商看作同处在一个亚洲时代的人。"索尔孟说:"越是细究,越会发现'亚洲时代'是似乎包括了一切、但其内涵却非常少的一个提法。所以,在谈到'亚洲时代'这一巨大话题时,我不免有些踌躇。"

索尔孟将世界资金流向中国等亚洲国家的现象,解释为"躲避高风险"。他说:"在法律约束很强的西方,投资者只能投机或是满足于低收益。但中国、印度、越南等市场与20世纪20年代的美国西部类似,具有高风险、高回报的特点。因此,受到了投资者的青睐。"他认为:"如果中国的劳动市场像欧美国家一样规范的话,投资收益率就会下降。"

索尔孟指出,亚洲新兴国家在大学高等教育以及维持和平能力方面落后于西方。"只要在经济上承受得起,中国或韩国学生的留学首选就会是欧美国家。这意味着亚洲的任何一所大学都未达到西方学术中心的水平。"就亚洲的维持和平的能力,索尔孟说:"在西亚等地区,是北约和美军遏制了战争。如果这些军事力量离开亚洲,谁又能维持亚洲的和平呢?"

第六章　中美战略对话：发展、现状与战略基础

如前所述，面临当今经济全球化在国际分工、货币体系、收入分配上存在的严重失衡，近年来"逆全球化"浪潮已开始兴起并发展到不能不严肃应对的程度。我们认为，要有效应对"逆全球化"，除开展广泛的国际协作外，还需要美国——作为当今国际经济体系的主导国家和首位经济体，以及中国——作为最近30余年经济全球化主要的受益方之一和全球第二大经济体，承担其各自的国际义务，为再平衡机制提供战略支持。换言之，中国与美国之间首先需要实现战略再平衡，这是全球再平衡的基石。考虑到中美战略协作的根本目的在于维护全球化这一符合经济学原理和中美两国国家利益的传统，我们期待的中美再平衡，乃至全球再平衡，都是在现有基础上"做加法"，因此可将之定义为"增量"。

第一节　有关战略分析基础概念的界定

中美之间的战略再平衡，不仅事涉中美两个当今全球最大的

经济体，而且在这个全球化的年代事实上必然产生全球性影响。从这个角度看，我们对中美再平衡的分析，需要从战略的视角展开。

需要强调指出的是，在相当长的一段历史时间中，无论是从词源还是从被普遍接受的角度看，今天我们所称的"战略"是一个军事战争的概念。具体而言，在中文的语境中，由于"国之大事，在祀与戎"（《左传》），作为"兵学圣典"的《孙子兵法》被普遍认为较为完整地构建了一套古典的战略理论体系（例如，"兵者，国之大事"对军事战略重要性的强调；将道、天、地、将、法等"五事"提炼为战略基本要素，并提出"主孰有道、将孰有能、天地孰得、法令孰行、兵众孰强、士卒孰练、赏罚孰明"等七个判断标准）。而西方语境中的"战略"一词源自希腊文中的Strategos，该词的原意是作为军人职衔的"将军"（这显然也是一个军事名词）。一般认为，希腊语中的"将军（strategos）"具有今天的"战略"含义，始于拜占庭帝国皇帝Maurice的著作《Strategikon》。由以上简略的梳理可见，无论中西方，在很长一段历史时间中，战略都主要与军事相联系，有关战争方法、战争艺术等问题的探讨是"战略"这一概念的主要内涵。

随着人类社会的发展，特别是两次世界大战带来的灾难性后果以及以核武器为代表的大规模杀伤性武器的出现，二战结束后不同族群（如不同国家、不同民族、不同阶级等人类群体）之间的竞争已经更多地依靠政治、经济、文化等非军事手段实现战略目标并达到新的均衡。国际竞争手段的变化推动以军事策略为主要特征的"古典战略"发展到更趋于理论化和概念化的"现代战略"阶段，任何组织为达到自己的目标而采取的手段，再也不可能（甚至越来越难）局限于军事工具，而必须更多地将非军事因素考虑在内。由此，有论者直接采用所谓的"大战略（grand strategy）"来体现现代战略的复杂性和综合性。

关于大战略，常用的定义之一是李德哈特[①]（Liddell Hart）的观点："战略是分配和运用军事格局，以达到政策目的的艺术"；而"大战略的任务，就是协调和管理一个国家或一组国家的全部资源以便达到战争的全部目的"。从这个定义我们可以发现，正是作为著名军事思想家和战略家的李德哈特在二战结束后率先提出将非军事手段纳入国家战略和国际战略研究的范畴，从而使非军事手段取得了与军事战略同等重要的地位，使"战略"这一概念具有更复杂的内涵与更广泛的外延。本节的研究，即可以从国家战略与国际战略的角度展开。

第二节　美国的国家战略及其面临的冲击

作为全球最大经济体和最具国际影响力的国家（甚至是唯一

---

① 李德哈特（B. H. Liddell Hart，1895—1970），英国军事思想家、战略家。

的超级大国），美国无疑是进行国际战略研究的中心和重点。可以说，评估当代的大国战略互动，美国无疑居于最重要的位置。从中国的角度看，中美在未来相当长的一段时间内实现再平衡、维系国际和平、为中国争取进一步发展的外部环境支持，是题中应有之义。因此，需要对美国国家战略有清晰的体认。

对美国这样的超级大国而言，其国家战略理念是在其复杂的国内外历史、文化、地理环境等要素综合交织下形成的。简言之，从地理环境的影响看，作为一个介于太平洋、大西洋之间的大陆，美国国家战略既强调海洋力量、注重经济和外交手段的应用（类似英国），又强调陆军力量、注重大规模快速动员和部署（类似一战和二战期间的德国）；从历史文化的影响看，作为移民国家，自由民主精神与新教伦理的结合，美国一直存在特有的"优越感"和"使命感"（按照著名政治学家和社会学家李普塞特[①]的界定："美国是世界上唯一一个基督新教国家，新教教派道德感很强，相信人应该做对的事情，而不是其他人认同的事情"）。在美国普通公众和社会精英阶层中占据主导地位的强烈的使命感和救世意识，是理解美国国家战略中意识形态因素的特殊要义的关键，其对美国的战略选择产生了持续的影响，并由此导致孤立主义（isolationism）/国际主义（internationalism）/霸权主义

---

① 李普塞特（Seymour M. Lipset，1922—2006），美国著名政治学家、社会学家，任教于加州大学伯克利分校、哈佛大学、斯坦福大学，曾先后担任美国政治学会主席、美国社会学会主席，被誉为二十世纪的托克维尔。

(hegemonism)、理想主义/现实主义、单边主义/多边主义等相互矛盾和冲突的理念在美国的国际行动中均有不同程度的影响和体现，引起美国国家战略的内在紧张。

从历史上看，在19世纪以前，美国视英国为主要对手；二战前后，美国将德国和日本视为主要对手；二战结束至20世纪90年代，美国则以苏联为对手。一般认为，美国对对手的"塑造"与强调，在特点上有别于英国这个前全球霸主在其霸权期的战略取向而有其鲜明的特色。具体而言，英国的战略带有相对更强的现实主义色彩（即所谓没有固定的敌人，没有固定的朋友，只有永恒的利益），其大战略集中于关注对欧洲平衡构成威胁的法、德等欧洲大陆国家。从这个角度看，美国作为世界历史上真正进入全球化时代的第一个大国，也是真正具有全球化战略影响的第一个大国，正因为如此，美国的大国战略制定，对于崛起中的中国具有特殊的关注意义。

如前所述，美国的全球战略表现为理想主义和现实主义的结合，但显然给予国家利益的现实主义导向仍然是理解和把握美国战略走向的主基调。而国家利益具有现时性和变化性，由此形成了美国社会精英主导的不同阶段的战略目标。冷战结束以后，尤其是"9·11事件"以后，美国迅速基于其基本利益所面临的挑战调整了相应的战略基本目标，并根据基本目标制定了具体目标和实施措施。按照李少军（2009）的整理，其基本目标包括：① 与安全利益相关的战略目标（本文将之定义为安全目标）。②与经济利益相关的战略目标（本文将之定义为经济目标）。③与促进民主、人权和发展利益相关的战略目标（本文将之定义为意识形态目标）。而美国在安全保障、经济和意识形态三方面理想主义与现实主义结合的战略目标的确立和"达成"，最终将有助于实现其作为国家利益终极的体现即整体战略目标。④与维持美国世界领导地位相关的战略目标（本文将之定义为领袖目标）。

显然，自"9·11事件"以来，美国的以上四个战略目标均未能有效达成：

（1）在安全方面，恐怖主义对美国及其盟友的国土、国民和重要设施的袭击威胁一直挥之不去，美国致力于建立的"有利于美国的国际安全环境"由于传统安全威胁的延续（如巴以、朝鲜半岛等）未能实现，甚至因叙利亚、乌克兰等热点问题的出现而面临新的难题；在维持美国世界领导地位方面，虽然美国在经济、高科技和军事领域仍处于优势地位，在联合国、IMF等国际组织中仍保持主导地位，但以中国、印度为代表的非美国盟国的新兴大国在综合实力上的快速提升已经让美国产生了严重的危机意识。

（2）在经济利益方面，自2008年危机以来，美国经济虽已出现复苏迹象（按照世界银行的统计，美国在2014、2015两年GDP同比增长均为2.4%，实现了仅次于2010年2.5%的增长），但自

2007年以来的十年时间内，随着中国经济的高速成长（一个直接的标志是从2007年开始按美元计算的GDP增量的绝对值中国已历史性地超过美国，这意味着中国不仅在经济增长的相对速度上早已经超过美国，而且在绝对量的差距上也开始缩短与美国的距离），美中两个当今世界最重要的经济体之间的全方位竞争态势越来越明显，这导致越来越多的观点开始认为美国自二战以来长期保持的全球经济霸主地位开始受到挑战，与经济利益相关的战略目标开始受到冲击。

（3）在意识形态目标方面，虽然二战以后，特别是冷战结束以后美国所秉持的"营造一个有利于美国价值和利益的世界社会"取得了巨大的现实成功（以致弗朗西斯·福山明确地提出了"历史终结论"），并由此导致一度产生了其意识形态目标基本达成或即将达成的"幻觉"（在理论上的体现即由李普塞特S. Lipset 提出的现代化理论，认为随着经济的不断增长，所有国家都会走向"现代化""发达"和"文明"——也就是美国的道路）。但在转轨国家中普遍出现的"国家失败"现象（相关理论研究在近年开始越来越多地出现，一般性的讨论可参见《国家为什么失败》和《民主失败的政治学》这两本分别由美、中学者撰写的专著），举凡民粹主义在世界范围的兴起、前苏联东欧地区转型的"阵痛"；宗教极端主义的兴起，均导致美式意识形态主张在世界范围内受到越来越多的质疑，以至于福山也不能不对其原有的观点有部分的让步，面对现实承认在过去的几十年中，当代中国政府在"经济增长、降低贫困、提供基本的社会服务"等方面"做得极好"。

正是由于自"9·11事件"以来美国在以上几个方面战略目标都力所不逮，由此导致其最终的战略目标——领袖目标受到了越来越大的冲击。为了维持世界领导地位，美国一直防止潜在竞争对手的崛起和挑战，但传统的战略手段长期实施的结果却导致近年来开始不得不面临来自他国（其他新兴市场经济体）越来越大的甚至可以说自二战结束美国取得霸权地位以来前所未有之全方位竞争压力。

之所以说这是一个前所未有的全方位竞争，其原因在于自1945年二战结束以后的半个多世纪时间内，美国虽然也曾经面临了战后复苏的日本在经济上的挑战（20世纪80年代为甚）、苏联在安全和意识形态上的挑战（1950—1991年），以及若干相对细节但却十分关键和重要的具体威胁（如在20世纪70年代初期一度甚至面临石油国家在能源安全上的挑战），但没有哪一个对手能够在前述四个战略目标上与美国产生全面的竞争，哪怕在20世纪70年代美国遭受两次石油危机冲击而陷入"停滞膨胀"的困境下，苏联在安全、意识形态等领域与美国激烈竞争的背景下，也无力威胁到美国的经济霸权，其时美国在经济上最大的竞争对手日本则恰好是美国在安全与意识形态上的坚定盟友。因此，可以认为，在长达半个多世纪的时间内，事实上美国在安全、经济、意识形态三个领域的利益从未受到过全面的威胁，因此其最终的战略目标——作为世界领袖国家——基本能够达成和维持。

如果说二战以后的日本在最终战略（即世界领袖地位）上几乎不可能对美国造成真正的挑战（简言之自二战结束以后日本事实上一直托庇于美国的"保护"），那么具有更多人口、更广阔地域、更强文明和制度自主性，也即具有更强综合国力和"异质性"的中国不能不更多地被美国视为全面威胁的来源。从这个角度看，中国作为新兴大国的崛起，使美国的传统战略必须做出反应，中美再平衡的内在需要，即发端于此。

需要强调的是，无论中国还是美国（乃至全球任何一个国家），根据内外形势的变化而不断调整本国的对外战略都是顺理成章的事情。但考虑到这两个大国所具有的全球性影响，则它们之间的战略调整不仅对于各自国家的福祉有直接的关系，而且对全球战略格局也有重大的影响。众所周知，过去十余年，中国在市场取向改革所带来的巨大综合国力下快速崛起，并迅速进入国际舞台的中心，中美关系开始进入"体系内两强博弈"的新阶段。中美之间的增量再平衡过程，甚至可能是冷战结束以后全球战略格局所面临的最深刻的变化。

基于以上分析，我们认为，中国的崛起以及美国的应对战略，就其本质而言就是冷战以来传统均衡格局（一般被形象地简化为美国作为唯一超级大国在全球政治、军事、经济、文化等领域均具有全面优势）在当下已无法维系，由此导致新兴大国与守成大国之间重新通过各自的战略调整与创新寻找新的均衡点。鉴于这个再平衡的直接主体是中美两个大国，我们认为基本可以排除以大规模战争的方式实现再平衡的可能，则对话以及在对话基础上达成的协作机制是唯一的选择。

第三节　中国的国家战略及其方向性选择[①]

自1978年实行改革开放以来，通过主动加入经济全球化，中国经济实现了长期高速增长，经济总量业已稳居世界第二位，反映实体经济实力的制造业产值已达世界第一，以高铁为代表的基础设施达到世界一流水平，人民生活达到世界中等水平。中国的"经济奇迹"已经为全世界所普遍体认，但伴随着高速成长，中国也越来越成为关注乃至争议的中心议题：外部世界对中国未来的可能走向、中国的国家战略、中国在未来全球格局中的作用等有着越来越多的讨论，有些观点甚至存在明显的分歧。显然，这些关注、议论乃至分歧都是不可避免的。

从中国国家和政府的立场看，今后30多年是中国共产党确定的实现国家现代化、实现民族复兴"两个一百年"中第二个"一

---

① 本节关于中国国家战略的总结系整理自楚数龙：《关于中国国家战略与外交战略的思考》。

百年"目标的关键时期,即在 2049 年,中华人民共和国成立一百年时实现现代化,成为世界中等发达国家。这一现代化的根本目标是邓小平同志代表党中央在 20 世纪 80 年代初明确和宣布的,即中国现代化建设"三步走"战略,几代中央领导集体一直坚定地坚持这一宏伟目标,全党、全国人民一直为此不断努力。这是今后 30 多年中国国家战略的核心。

在具体的国家战略目标上,有如下具体战略:

经济领域,除继续保持中高速增长,在尽可能短的时间内发展经济,实现 GDP 总量对美国的追赶、超越这一总量目标,还要实现改变经济增长的基础动力和基础模式这一结构性目标。

中国自 1978 年以来的经济高速增长虽然是逐步建立和完善社会主义市场经济的结果,但政府(包括国有企业)显然始终是推动经济高速增长的源动力之一,转轨经济学的大量理论与实证研究均认为中国经济奇迹之所以实现,在很大程度上是靠政府发起和推动的投资取得的(国内外都公认近 20 年来中国经济增长最主要的动力是投资,而投资中相当大的部分是政府和国有企业的投资,包括基础设施、市政建设等领域的投资)。显然,在今天的中国,鉴于我们经过 30 余年的大规模投资不仅已经基本补齐了基础设施等诸多领域的"短板",由于投资边际效益不可避免地递减规律,继续单纯依靠政府推动经济增长已不可能(如果国家和政府有能力使经济保持长期增长,那么就没有必要改变政府主导的计划经济模式）。中国政府和社会公众均已认识到这一事实，正是基于这一共识，中共十八届三中全会决定让"市场"成为经济的决定性力量，目前政府所大力提倡和推动"大众创业，万众创新"，就是希望通过对民间创业、创新的激励推动经济走上新的内生增长轨道。当然，这一转变需要一个相对漫长的过程，但无论如何，都需要在未来实现经济增长模式和动力的彻底转变，打破传统模式的路径依赖，使中国经济真正实现市场化，走上以企业和个人为主体的自主增长道路。

科技创新方面，经济增长理论的几乎所有模型都对科技创新能力有高度的关注，而国际比较研究显示，真正意义上的经济大国和强国都必须具备强大的创新能力。换言之，一个强国大国，绝不仅是在某个领域或行业强大，而必须是在现代经济所有重要方面和领域都达到较为强大的排位。美国、欧洲、日本等公认的世界经济强国大国，甚至以色列等取得良好经济增长绩效的经济体，均在高科技、高附加值领域具有强大的科技创新能力。

对今天的中国而言，经过30余年的积累，已经在基础工业、劳动密集型产业和基础设施等方面形成较为明显的全球优势。而在未来最终实现现代化的进程中，发展高科技产业，实现在高科技、高附加值领域的追赶和超越，则是题中应有之义。

可以断言，未来中国与欧、美、日等发达经济体的竞争将取决于高科技、高附加值领域。在目前，我国在家用电器、电子、通信、核电站、输变电、海洋工程机械等科技和技术领域业已取得了坚实的技术积累，在高铁动车、特高压输变电等若干领域甚至已达到世界领先水平。要实现今后几十年的经济发展目标，则需要在保持和提升劳动密集型低端产业的传统优势，扩大中端产业和技术的优势，取得高科技、高端产业的强势和优势。近年来，我国政府所大力推动的"中国制造 2025""互联网+"的国家战略，即着眼于培育和提升自主科技创新能力，实现科技创新对生产力的倍增、放大作用。

外交方面，良好的外部环境是经济稳定增长的基础。如前所述，中国对未来 30 多年的国家战略目标已经明确——实现第二个一百年的宏伟目标，那么中国外交战略也非常明确——即服从和服务于国家实现现代化、实现中华民族伟大复兴的"中国梦"、实现"两个一百年"的国家总体战略长远和宏伟目标。

随着经济规模和国家实力的持续增长，中国"大国外交"的色彩将越来越突出。从人类近现代历史看，大国外交，尤其是新兴大国的外交，充满了经验和教训、需要谋划和谨慎实施的。美国在作为新兴大国的崛起过程中，妥善处理了与作为守成大国（以及前宗主国）的英国的竞争与合作关系，最终于 20 世纪 40 年代水到渠成地取代了英国成为全球第一大国——这是我们可资借鉴的成功经验；反之，同样作为新兴大国的德国，19 世纪末期到 20 世纪初期，其大国外交则出现了战略性错误，最终直到 20 世纪末期才重新实现民族和国家的统一。以上经验与教训，可以为我国未来如何有理有节地处理与其他国家的关系，维护中国的国家利益，发挥作为大国的全球影响力，提供宝贵的镜鉴。近年来，中国提出和实施"一带一路"，提倡建立亚洲基础设施投资银行和"金砖国家"开发银行，设立丝路基金等举措，就是在新时期、新形势下发挥大国外交配合经济建设、提升改革开放水平，进一步"走出去"、融入世界，扩大中国与世界各国、各个地区合作交流的重大战略举措，对中国与世界的发展具有长远的意义。

第四节　中美战略对话的建立与发展

按照著名政治学家保罗·肯尼迪的观点，"在世界事务中处于领先地位的国家相对实力不会保持不变，主要因为不同社会的技术增长及组织变革不同，导致这些变化对一个社会有利而对另一个则不利"。

近现代以来，在始终存在霸权的世界体系内，如果一个大国的实力对原有霸权国差距显著缩小形成赶超的势头，往往将与原有霸权出现尖锐的矛盾与冲突。根据米尔斯海默的进攻性现实主义观点，由于中国经济的崛起势不可挡，中国将在可以预见的将来取代美国（至少）成为最富强的经济大国。作为传

第六章 中美战略对话:发展、现状与战略基础

统霸主的美国不可能对这一转变安之若素,因此按照他的悲观预测,中美的冲突几乎无从避免。回顾 20 世纪 90 年代以来的中美关系,在整体稳定发展的主流之下局部的摩擦乃至冲突不绝于缕,其根源之一即由于中国快速发展改变了中美在国家实力上的原有格局,如果双方再缺乏战略层面的交流、沟通和协调,则可能出现战略"误判"。在全球化所导致的国与国之间相互依赖日益加深的当下,大国间冲突(乃至极端情况下战争)的成本已高到无法设想的程度,且几乎可以肯定将出现全球性溢出。因此,作为守成大国的美国与作为新兴大国的中国如何互动、沟通,以达成相互理解与协调,不仅对中美双方利害攸关,也对几乎所有的经济体都有重大影响。所幸,在两国政治家的主导下,中美已建立起制度化的战略对话机制,为双方沟通协调提供了可靠的高层次渠道。

2005 年,美方首先提出"利益攸关方"这一概念来界定中国。2006 年,中方对此作进一步的权威诠释:"中美双方不仅是利益攸关方,而且更应该是建设性合作者。"显然,利益攸关方强调两国有着复杂的战略利益纠葛(这一纠葛既可以是良性的,也可能带有一定的冲突性),建设性合作则更强调协调。两种表述各有侧重,但实质都显示双方需要有严肃的互动交流机制。正是这一共同的体认,让中美战略对话的建立有足够必然性和必要性。

首先，后冷战国际格局为中美战略对话奠定了基调。20世纪90年代初，随着苏联解体，冷战所形成的美苏两极格局失去了存在基础，国际体系开始进入后冷战阶段，冷战中以大国携各自盟国相互对抗为主的国际格局（至少暂时）改观，随之而来的是全球化的加速推进，国家与国家之间从对抗或结盟的极端化关系转变为依赖和竞争的关系，世界几乎所有国家在政治、经济、军事、环境、社会、文化等领域的都实现了前所未有的密切交往联系，在主要国家之间，传统的武力或以武力相威胁已很难成为实现国家利益的有效工具。

显然，进入后冷战转型期的美国仍然是国际体系和国际秩序的主导者，正如著名国际问题专家斯蒂芬·瓦尔特所说："冷战结束使美国处于空前的优势地位，（当时）美国的经济比仅次于它的竞争对手高出40%，并且它的防卫开支等于紧随其后的六个国家的总和，而这六个国家中的四个是美国的亲密盟友，所以美国的优势比上述数字所显示出来的还要大。美国在高等教育、科学研究和先进技术（特别是信息技术）方面居世界领先地位。"然而，哪怕拥有如此强大的国家实力，20世纪90年代全球化的推进让美国在处理反恐、防止核扩散、全球环境问题、解决地区冲突等层出不穷的国际热点问题上也不可能独立解决，甚至越来越依赖其他国家的协调与配合。

在众多传统大国和新兴国家中，保持长期快速发展的中国迅速崛起，成为美国在解决各种国际问题中不可忽视甚至必须借力的对象。在综合实力不断上升的背景下，中国也势所必然积极地融入国际事务，承担更多的国际义务责任。因此，在联合国事务、反恐防扩、处理东亚危机等领域，中美形成了巨大的合作空间。

当然必须强调的是，中美关系具有近乎前所未有的复杂性和特殊性。具体而言，中美在意识形态、文化传统、价值观、思维与行为模式、经济发展模式等方面存在诸多不同，有些不同具有互补性，有些不同则具有一定程度的对抗性。而在世界历史格局中又恰好处于新兴大国和守成大国的特殊关系对位。两国间不仅有若干短期亟待协调、应对的阶段性、功能性问题（如汇率、贸易逆差、市场开放与监管、产品安全与知识产权保护等），而且需要处置战略层面的若干复杂问题。对美国而言，这些战略议题中最根本的可能是：一个日益强大的中国是否会对现有的国际体系（也就是美国的地位）产生颠覆性冲击？

显然，妥善应对这些问题，不仅关系到中美双方的近期、现实利益，更关系到双方的长远、战略利益，急需中美建立起多向沟通机制，明确对方的底线，寻找双方的利益平衡点。

可以认为，中美战略对话机制应该是迄今为止双方找到的最好、最有效的沟通形式，它基本满足了中美交流多层面、经常性和机制化需要。通过多轮的对话，中美两国不仅可以在诸如产品安全、人民币汇率、贸易不平衡等功能性问题实现交流与沟通,为问题的彻底解决奠定基础,而且可以加强对彼此战略意图的深入了解。从美方的角度看,通过战略对话,美国可以较为直接和系统地了解正处于战略转型期的中国,评估中国的现实实力和未来意愿。而在中国看来,通过战略对话,中国可以充分阐释其和平发展、建设和谐世界的战略构想,消除至少是减少"中国威胁论"的蔓延,为自身发展营造一个和平稳定的外部环境。

正是双方的相向而行,最终,从20世纪末开始,中美战略对话经历了一个由学界到官方的发展历程。为了消除误会、管控分歧,在中美两国学界的积极推动下,中美双方于1999年开始了试探性接触。截至2004年8月,中美学者共举行了5届论坛形式的"中美战略对话"。此后,随着进入21世纪后中美关系的稳步发展,尤其是两国在经贸、反恐等领域的交流合作日渐深化,构建一个官方层级的战略沟通和对话机制,并由此直接影响和促进中美关系发展,成为双方高层的共识。2005年3月,在美国国务卿赖斯访华期间,双方确定将定期举行战略对话。2005年8月1日,中美首次战略对话在北京举行,双方代表近20人就外交和经济等共同关心的战略性问题进行磋商。2006年9月20日,由美方提出、中方同意的中美战略经济对话机制启动;同年12月14日,首次中美战略经济对话即迅速在北京召开,中国国务院副总理吴仪和美国财政部长保尔森作为两国元首的特别代表共同主持了此次对话。到目前为止，中美战略与经济对话已举行8轮。在2016年6月完成的第八轮中美战略与经济对话上，习近平主席出席开幕式并发表重要讲话，时任美国总统的奥巴马发来书面致辞。中美两国元首的高度重视和重要共识，为中美战略交流与协作提供了顶层动力的支持，最终双方达成了数百项双边协议，涉及经济、金融、文化、科技等多个领域。

第七章 增量再平衡：解决全球性失衡的中美战略议题与解决方案

第一节 中美战略对话对两国关系的积极影响

中美战略对话自举行以来，已经走过了从发端阶段的不成熟到目前相对完善的过程。在交流、沟通、协调等原则指导下，中美关系整体实现了稳定和良性发展，尽管中美双方不可避免地仍然面临各种复杂现实问题和一定程度的（合理的）相互怀疑，但全世界都可以发现，双方并没有因为问题和怀疑背向而行，而都在努力尝试了解和理解对方的合理关切和战略底线——这是现在中美关系与此前的美苏关系之间最显著的不同。鉴于在美苏争霸的几十年间美国从来没有考虑过与苏联建立类似的全方位对话机制，我们可以认为，中美战略对话的稳定推进在一定程度上反映了美国加强在国际事务和双边关系中与中国协调、合作的基本倾向，表明了历任美国政府对中国日益上升的全球影响力和重要性的接受与理解。从这个角度看，中美战略对话机制不仅是对两国各自国家利益和战略关切的交流协商，甚至对全球范围都有正向的溢出效应。

第七章 增量再平衡：解决全球性失衡的中美战略议题与解决方案

我们认为，中美战略对话有如下积极影响：

首先，中美战略对话搭建了两国系统化、常态化战略协调的全新平台。

自1979年中美建交以来，特别在新千年以后，随着中国加入WTO后在全球贸易和积极发展中的地位日益提升，中美两国的相互依存关系日益深化，形成了越来越多的利益共同点，但举凡人权、贸易逆差、人民币汇率等纠纷还是反复浮现在两国进一步加深互信的过程之中，在很大程度上导致中美关系的稳定与健康发展受到各种势力的干扰。正是为有效增强互信，排除各种干扰，中美间需要就这些问题进行深入而坦率的沟通。尽管在中美战略对话机制形成前，两国间业已存在商贸联委会、科技合作联委会、人权磋商机制等事务层面的对话沟通机制，但由于中美之间在双边沟通中顶层设计的缺位，这些传统的事务型对话机制很容易受到各种因素的干扰而搁置，更无法承担具有广泛共同利益和共同关切的两个大国在战略层面全面协商对话的重任。以1990年建立的中美人权磋商机制为例，根据协定每年应举行两次会议，但是在其建立的前12年里只举行了13次。1983年成立的中美商贸联委会，按协定每年举行一次会议，但至2007年底一共才举行了18次。尤其是1997年建立的中美年度防务磋商机制，由于随后即发生中国驻南联盟使馆被炸事件，该机制直到2002年12月才得以重启。

与上述林林总总的事务性沟通机制经常因各种干扰时断时续相比，具有高度战略性和顶层设计色彩的中美战略对话机制自2005年建立以来则异乎寻常地顺利、稳定，不仅期间一直常态化定期召开从未中辍，且双方参与对话的人员级别也一直保持在极高的水准，从而为中美关系的稳定和发展提供了重要的基础保障。两国通过这一高层次平台，在几乎所有彼此关切的重大问题上展开直接、坦诚的沟通，不仅有效化解了诸如人民币汇率等现实矛盾，更对共同预判、提前应对可能出现的新问题拓展了有效的交流合作空间。

其次，拓展了中美间对话议题的深度和广度。

如前所述，在中美战略对话机制建立之前，中美间定期交流机制所涉及的议题散布在政治、军事、经贸、公共卫生安全乃至能源等诸多领域，这些对话机制往往仅是一些功能性、专业性的平台，且参与对话的双方人员层级相对未上升到决策层，使其影响力有限。而战略对话无论在高度还是深度上均较之此前的任何平台都有极大的提升。在这个全新的平台上，中美双方不仅讨论诸如台海、人权、贸易、金融、能源安全、环境保护等双边议题，还进一步论及地区和国际安全领域的诸多热点，从而真正实现了两国在重大问题上的战略沟通与协调。可以认为，中美战略对话机制是对两国间原有对话机制的极大提升，立足中美两国这一也许是当今世界最重要的双边关系,又大大跨越了双边关系的局限,从全球安全和发展的宏观层面进行全面、系统和常态化的探讨、协调,从而极大地拓展了中美之间交流与互动的广度、深度和高度。

再次,显著加密了双方的沟通交流频率,有利于推动中美协力应对双边与全球现实问题。

综上所述,中美战略对话及战略经济对话可以被定义为:在一个纵观全局的、高级别的、兼具综合性与战略性的平台上,致力于推动解决两国间所面临的迫在眉睫的问题,以实现共同目标、增进互信。正是随着中美战略对话及经济对话的持续开展,若干长期困扰中美关系发展的问题至少得到了缓解。例如,在台海问题上,时任美国国务卿的赖斯就是在这一平台上公开地把台湾当局当时极力推动的"以台湾名义加入联合国"的公民投票称为"一项挑衅政策",并代表美国政府表达对此的明确反对。在人民币汇率问题上,人民币对美元的汇率已由 2006 年 12 月 14 日中美首轮战略经济对话开启时的约 7.82∶1 升至 2016 年年底的 6.93∶1(期间还曾经出现过更低点),但白宫始终顶住美国国内某些势力所施加的压力,拒绝将中国列为汇率操纵国。在经贸问题上,针对美国国会提出的保护主义色彩浓厚的涉华经贸议案,时任美国财政部长、商务部长和贸易代表等政府高层官员即明确表达反对，并积极展开与议会的沟通。与之相应，中方也在对话中表现出积极的善意和对美方合理利益诉求的谅解，当中美贸易中出现中国出口商品产品质量（特别是食品安全）问题后，两国迅速通过战略经济对话框架就所发生的问题深入坦率地交换意见，双方均承担起各自的责任，并在第三次中美战略经济对话期间签署了《中美关于食品、饲料安全合作协议》《中美药品、医疗器械安全合作备忘录》，并及时启动"食品安全通报机制"。由以上例证可见，在中美战略对话框架下，双方在具体问题沟通协调上取得了显著的进展，充分释放出彼此的善意。

最后，有利于中美之间的增信释疑。

整体而言，自中美战略对话开展以来，双方在战略层面的互信得到了显著的增加，双方对对方的战略立场、核心利益均有了更深的体认。首次中美战略对话后不久，时任美国副国务卿的佐利克在代表布什政府发表政策性演讲时首次明确宣布：中国已成为国际社会的重要成员，美中两国现在是"利益攸关方"；在2006年发表的《美国国家安全战略报告》中，美国对中国的崛起表示欢迎，并称愿意与一个和平、繁荣的中国合作，解决共同的难题和关系到双方利益的问题。可见，在战略对话机制的推动下，作为守成大国的美国事实上已经理解并接受了中国作为新兴大国的崛起，并愿意把中国视为"利益攸关方"而非"战略竞争对手"，更不是敌人。

第二节　中美战略对话机制进一步深化发展的方向

应该看到，中美战略对话机制的建立虽然已经对中美关系的稳定与发展产生了明显的积极作用，但显然，中美双方都并不指望依靠这一机制就能解决有着全球性影响的两个大国之间全部的摩擦、竞争、互疑乃至对立和对抗，何况这一机制本身也处于不断磨合、调适、发展到成熟的过程中，双方之间依然存着若干明显的分歧和有待解决的问题。例如，双方在对话机制的名称上就有不同的称呼：中方将之称为"战略对话"，美方则称其为"高层对话"。此外，美国的国内选举制度和选举结果可能对这一对话机制产生影响。尤其是四年一次的美国大选，每届新政府上台后对华政策的走向都可能对中美战略对话机制的存在、议题设计和内容带来短期的冲击。此外，较之美国与其传统盟国（如英国、日本等）建立的部长级战略对话，中美战略对话在参与层级上仍有待稳定与提升。最后，但绝不是最不重要的，回顾已经举行的各次对话，美国在一定程度上拥有更多的话语权，中国如何在对话过程中增加自己的话语权、更为积极地体现出设定议题的能力是未来有待解决的问题。

我们认为，虽然程度不等地存在上述问题，但随着中国经济的稳定发展、国家实力的充实加强，在国际交往中有现实主义视野和倾向的美国应当会在真切体认到这些变化后对中方的合理诉求进行回应。在美国的国际政治决策领域有重要影响的亨利·基辛格博士已经断言："如果中国与美国都参与决定亚洲的前途，亚洲的稳定就可以实现。如果与中国发生冲突，那就会引起两国把亚洲其他国家组织起来对付对方，激励强烈的民族主义。在可预见的将来，美国和中国同样关注在亚洲保持平衡。两国都有理由反对由一个单独的国家统治亚洲。中国要美国帮助平衡它同强大邻国——日本、俄罗斯和印度的关系，至少在它发展到强大得足以靠自己的力量这样做之前。美国需要与中国在上述问题以及核扩散和转让武器技术等问题上进行合作。这些问题至少在今后数十年中应该成为中美对话的关键部分。"国际政治领域主流的观点认为，随着美国实力的相对下降，美国要在世界范围内最大限度地实现其自身的国家利益，已经必须考虑其他大国的反应和态度。一方面，美国迄今为止仍然拥有超强的国家实力，今天的世界没有任何一个国家有能力和意愿对它提出全面的挑战；另一方面，美国的强大又没有达到"唯我独尊"的地步，在应对全球经济危机、恐怖主义、核扩散等问题必须寻求包括盟国、地区性大国和新兴大国等的帮助和配合。而在所有这些方面，中国的存在和作用都举足轻重。从这个角度看，作为两个具有全局性影响的大国，中美间的良性互动必然会给国际关系带来深远而积极的影响。

首先，战略对话可以协调两国在若干地区热点问题上的立场，有利于促进亚太地区的和平与稳定。随着中美战略对话的进行，双方逐渐涉及影响地区、国际和平与安全的重大问题，并实质性地推动了一些热点问题的解决。

其次，中美战略对话广泛涉及影响全人类生存与发展的重大问题，有利于推动针对全球问题的国际合作。例如，第一次中美战略对话，能源安全被列入双方讨论的议题之中；第二次战略对话，防止大规模杀伤性武器扩散成为两国探讨的问题之一；第四次战略对话，气候变化问题及其应对为两国集中探讨。显然，以上这些议题都是全人类共同面临的全球性问题，其解决必须依赖国际社会的合作，中美两国的努力则必不可少。

再次，战略对话丰富了"和平解决国际争端"的政治对话与解决方式。"和平解决国际争端"是现代国际法的一项基本原则。在国际关系中，"和平解决国际争端"是指任何国家不得以任何借口进行侵略战争，不得以与国际法不符的任何其他方式使用武力或以武力相威胁，侵犯或者破坏另一国的独立、主权和领土完整，不得以战争方式解决国际争端。一旦出现国际矛盾和纠纷，应避免武力冲突，首先考虑政治解决。中国与美国共同发起的战略对话，致力于建立一种稳定、常态和长效的机制以处理两国间的不可完全避免的矛盾和冲突，不仅体现了对"和平解决国际争端"这一现代国际法基本原则的尊重，而且用实际行动践行了中国所倡导的新安全观。可以认为，中美战略对话是中国学者和政府在新安全观的指导下,创造性提出的解决中美间存在的各种问题和争端的高层战略对话工作机制,它的不断深化和稳定发展为解决两国矛盾提供了必要条件和机制保障。其实践表明,只要坚持用务实理性的态度处理国家间关系,客观地对其他国家的核心利益予以理解,非盟国之间也能以一种积极的心态心平气和地坐在谈判桌前进行战略对话,并寻求问题的最佳解决途径。

最后,中美战略对话机制为守成大国与新兴大国关系的处理提供了新的分析案例。历史上,守成大国与新兴大国的互动多伴随着战争。例如,16世纪的英国与西班牙、17世纪的英国与荷兰、19世纪的德国与英法、20世纪的日本与美国,几乎无一能规避这一历史宿命。有美国学者指出:"作为现存国际体系主导者,美国的国家利益又与美国在国际体系中的霸权地位紧紧联系在一起,在这种情形下,美国对中国的担心就难以避免。"历史迈入了21世纪,国际体系正处于转型期,如何处理好两国关系,是双方都需要面对的全新课题。"中国完全不同于美国以前遇到的任何一个被视为对手的强国。其原因是,在双边层面,由于中国政治和社会的转型过程还远没有结束,因此美国对其发展方向无法做出长期的预测;由于中国既愿意与美国进行战略合作,又不回避与美国进行战略竞争,因此美国对其敌友身份无法自信地做出确认;由于对中国既怀着期待又抱有疑虑,因此美国在双边交往中不能

第七章　增量再平衡：解决全球性失衡的中美战略议题与解决方案

全心全意地投入，而是顾虑重重，瞻前顾后；由于双方利益的交叉与融合日益密切和广泛，因此美国在很多事务上投鼠忌器，难捏分寸。"鉴于此，中美战略对话机制的建立显得尤为重要，它既可以满足美国的需要，使其能通过战略对话较准确地预测中国的走向，减少中国崛起带来的利益损失，促使中国承担更多的国际责任，又可以满足中国的需要，通过这一机制消除或减轻"中国威胁论"的负面影响，宣示中国的核心国家利益和战略意图。中美两国在彼此的交流与互动中演绎着守成大国与新兴大国的新型互动模式，从而为丰富国际社会这一国际关系的经典命题作出新的贡献。

而我们认为，经济全球化格局现在的失衡问题，以及为应对失衡所进行的再平衡过程，就是中美在未来战略对话机制中一个最重要、最基础的"最大公因数"。美国当然希望维护原有的金融领域美元独大、实业领域美国第一的传统格局，但受现实因素的制约，这个传统格局已经严重失衡；中国曾经在这个传统格局中因势利导实现了过去30余年的经济高速成长，从中获益匪浅，但也在目前基于自身进一步发展对这个传统格局进行修改的意愿。因此，通过双方交流协作，如果能够建立起一个能同时兼顾双方利益的新机制，则能够为再平衡机制的达成和运行提供一套整体解决方案，真正实现"面向21世纪"的全球战略框架。

第三节　基于中美两国国家利益的增量再平衡机制构想

对国家利益这一概念，国际关系学中古典现实主义进行了最直接与明确的阐述：按照现实主义的观点，国际政治行为都是从被界定为权力的利益出发。在国家关系中，权力斗争表现为一个国家企图控制他国的行为。由于在国际体系中不存在一个高于主权国家之上的"世界政府"，因此在很长的历史阶段暴力与战争是国家间权力斗争的普遍现象。可以说，国际体系的无政府属性，决定了国家是利己而非利他的（Mercer，1995）。现实主义的利益观，显示国际关系中国家利益的不相容性和冲突性，由此使利益与安全密不可分。

与现实主义不同的是，跨国主义（尤其是自由制度主义）从另一个角度观察国家利益。按照跨国主义之观点，国家间固然存在大量的冲突，但同时也存在大量的合作。特别是随着经济全球化的发展，国家利益的另一种属性——相互性与共同性日益显现。由于相互依赖的各方必然会产生共同利益，因此合作成为维护国家利益的一种必要方式。

综上所述，现实主义与跨国主义对国家利益的冲突性和合作性的阐述，事实上构成了一枚硬币的两面，对今天的任何国家而言，其国家利益都可以划分为两个部分：一部分是自身的（具有独占排他性）的利益；一部分是共享的利益。

国家要实现自己的战略目标，必须拥有有效的战略手段。而战略手段要有效，则需要：① 足够的实力；② 有能力运用前述实力。由于在国家关系中，任何国家要实现自己的利益与目标，均将涉及与其他行为体之间的互动，在很多情况下均需要以自身的手段和能力改变其他行为体的态度与行为。因此，实力对于国际战略的实现而言，是非常重要的。

在国际战略中，"实力"是一个非常重要的概念。按照沃尔兹的观点，实力（或者说权力）可以为国家提供四个方面的利益：保持自主，增大行动自由，获得更大的安全空间，取得更大影响力。

就当前的中美两国而言，只要双方不发生全面的直接对抗（这种全面的直接对抗在当前战略格局下几乎不可能发生），则两国均具有足堪使用的实力，以达成以上四方面的利益协调：保持各自的自主自不待言，无非是在中国崛起的过程中，我方所需要的更大行动自由、更大安全空间与更大影响力需要在获得对方战略底线的背景下摸索达成。正如习近平主席所言："宽广的太平洋两岸有足够的空间容纳中美两个大国"[①]，双方即使在若干问题上有各自立场难以很快达成完全的共识，但也可以从"增量再平衡"的角度出发，基于"先易后难""从事务性技术性工作入手"，在

---

① 参见 http://gb.cri.cn/27824/2013/04/13/2225s4083214.htm。

符合两个共同战略利益的全球化再平衡领域先行一步，则不仅能够为亟待解决的全球失衡问题提供现实的解决方案，也可以为未来其他双边和多边国际问题的解决积累战略互信与协调合作经验。我们认为，这一经济协作兼顾双方国家战略利益，双方也均有足够的经济实力（在实体经济上，美中为全球 GDP 第一和第二大国；在货币金融上，美国拥有美元发钞权，中国拥有全球第一大外汇储备额；在经济运行增长态势上，美国宏观经济运行在所有发达经济体中最为健康，中国则在新兴市场经济体中独占鳌头），均有能力运用自己的实力（美国和中国政府在宏观经济调控上都积累了丰富的经验）。现在需要的是进一步发挥双方政府、理论界、实业界的作用，通过中美战略对话机制等一系列既有渠道的沟通协调，选准没有太多利益冲突和价值观冲突的若干切入点（这正是增量再平衡中增量的意义之所在），先行展开以项目为基础的试点，以点带面，为最终全面提升中美两国战略互信与协作水平，为全球增长的重新启动，贡献中美两国的力量。

尤其需要指出的是，我们认为，在中美战略对话中强化有关解决全球失衡问题的增量再平衡方案，还有一个附带的作用——减轻乃至最终消解跨太平洋伙伴关系协定（Trans-Pacific Partnership Agreement，TPP）对中国经济可能产生的负面影响。

TPP 是最近几年美国力推的一个国际多边经济谈判组织，其前身是跨太平洋战略经济伙伴关系协定（Trans-Pacific

Strategic Economic Partnership Agreement，简称 P4），是由亚太经济合作组织成员国中的新西兰、新加坡、智利和文莱四国发起，从 2002 年开始酝酿的一组多边关系的自由贸易协定，原名亚太自由贸易区，旨在促进亚太地区的贸易自由化。显然，这四个国家在经济规模和影响上十分有限，它们所组建的 P4 因此原本并不为世人所重视。但自 2010 年 3 月开始，美国开始主导推动 TPP 以后，参与经济体的体量较之最初的 P4 出现了大跨度的飞跃。2015 年 10 月 5 日，跨太平洋战略经济伙伴关系协定（TPP）终于取得实质性突破，美国、日本和其他 10 个泛太平洋国家就 TPP 达成一致。2016 年 2 月 4 日，美国、日本、澳大利亚、文莱、加拿大、智利、马来西亚、墨西哥、新西兰、秘鲁、新加坡和越南 12 个国家在奥克兰正式签署了跨太平洋伙伴关系协定（TPP）协议。

虽然 TPP 协定还需要各国立法部门（国会、议会）批准通过，其最终生效还需要很长时间，甚至美国共和党总统候选人特朗普多次公开宣称一旦当选将否决 TPP，但鉴于 12 个参与国加起来所占全球经济的比重已达到了 40%，且包括美、日、澳、新、加等发达经济体和毗邻中国的多个东南亚国家，其中还有墨西哥这样的人口大国。因此，哪怕从未雨绸缪的角度出发，我们也需要分析其对中国经济可能产生的影响，并积极考虑适当的因应措施。

具体而言，TPP 对中国经济方面的影响方面有如下几个方面：

TPP 自首轮谈判启动后，吸引了众多亚太国家的兴趣，谈判成员国有望持续增加，而中国在这一过程中却一直被排除在外。一旦 TPP 实质性生效，这种关税同盟必将对中国形成巨大的贸易歧视与贸易转移效应。众所周知，亚太地区在中国的对外贸易中有着举足轻重的地位，中国对美国和其他东亚国家的出口额占据着中国对外贸易出口总额的一半以上。美国、日本和东盟都是排在中国前十的贸易伙伴，但中美、中日之间却没有签署双边自贸协定，一旦这些国家通过 TPP 实现了自由贸易，将会形成典型的贸易转移效应。此外，从贸易结构来看，中国与日本、韩国、东盟在对外出口上存在着明显的竞争关系，随着日本等其他亚太经济合作组织成员的加入，对中国贸易转移的效应会进一步加大，TPP 将会挤占中国出口市场，进而对中国经济产生负面影响。

除经济上的影响外，在政治上美国以 TPP 为途径，可以强化其与东亚国家的经济联系，分散东亚区域内经济融合的集中度，从而增加东亚经济和政治发展并轨的难度。但中国在地区政治事务中的建设性作用将受到限制。随着中国经济的发展，中国在东亚地区的影响力也越来越大。美国借助 TPP 重返亚洲，无论其主观意图如何，但在客观上的确会影响中国同东南亚国家的关系，阻碍东亚的一体化进程。自"9·11"事件以来，美国一直将国家安全作为自贸区建设的首要考虑的因素，并因此放弃了对北美自贸区的深化，转而致力于美洲自贸区的建设。分析美国现有的TPP谈判伙伴，不难发现，主要以其在东亚地区的军事盟友为主。这充分表明在TPP的构建方面，美国延续了与其他国家订立自由贸易谈判的模式，倾向于有限选择军事盟国作为自由贸易协定的对象，美国拟通过TPP所产生的更紧密的经贸联系，进一步加强与东亚军事盟友的合作关系。但是，美国在亚太的新布局，很显然是将中国作为其主要指向目标。随着美国的介入，TPP必将给中国既定的亚太战略带来新的挑战。

TPP的建立将成为中国在亚太地区实施自贸区战略面临的一个重大挑战。美国主导TPP就是要通过TPP对未来的亚太自由贸易区发挥主导作用。美国在面临中国不断崛起的局面时，必将力图以推进亚太经济伙伴关系来巩固其在亚洲地区的地位，并发挥其在亚太经济合作中的主导权。TPP的高度贸易自由化、全面的市场开放承诺等，必将延缓中国所倡导的"10＋3"与"10＋6"区域贸易自由化的进程。因此，总体而言，TPP的建立对中国而言构成了一定的战略压力。

我们认为，为了因应TPP所产生的上述压力，中国应以解决失衡问题、实现再平衡为直接目标，以中美政府、企业和学界沟通协调为基础，在不与双方"存量"利益或"势力范围"相冲突的领域，以有足够经济体量和社会影响的"超级项目"①为抓手，"以快制慢"，抓住TPP尚处于等待各国立法机构审议而尚未正式生效的"战略空窗期"，力争用若干个成功的超级项目展示中国的经济实力。中国有运用实力解决具有国际范围或地区范围失衡问题的善意与能力，有与包括美国在内的国际社会合作的开放大国心态，这对于无论是消除TPP对中国的负面影响，还是最终争取加入TPP，都具有"示范作用"。

---

① 超级项目具体的界定，详见第八章。

第八章　增量再平衡的现实抓手：超级项目的构思与既有案例分析

如前所述，本文认为选准没有太多利益冲突和价值观冲突的若干切入点（这正是增量再平衡中增量的意义之所在），先行展开以项目为基础的试点，以点带面，为最终全面提升中美两国战略互信与协作水平，为全球增长的重新启动提供经验。鉴于中国和美国两个大国在各自长期的经济发展中都有丰富的大型、超级项目建设、经营并最终成功带动宏观经济发展的经验（例如，美国有"曼哈顿工程"；中国有"两弹一星"；美国有"田纳西河流域开发计划"，中国有"西部大开发"；美国有遍布全国的民航运输网络和波音公司，中国有世界第一的高铁网络和高铁技术等），因此本章的研究将首先以理论框架的构建为主线，借鉴发展经济学中的雁行模式探讨和阐述本书的一个基本观点——中国可以将基于充分国际合作的"超级项目"作为解决当前全球经济失衡问题的现实手段(之一)，以实现全球经济的再平衡；进而通过案例分析工具，将人类经济史（特别是二战以后的当代经济史）上既有的超级工程进行分类整理，提炼出超级工程的若干主要运作方式和实现模式。

所谓"雁行模式",最早发端于20世纪前期的产业经济研究(即所谓雁行产业发展形态理论),但其开始产生更大的影响则是20世纪80年代以后的发展经济学领域。具体而言,随着20世纪50年代后期日本开始经济崛起至20世纪70年代,在东亚地区出现了明显的产业转移趋势,率先实现工业化的日本开始逐步将若干成熟产业或具有潜在比较劣势的产业转移到"亚洲四小龙",后者又将其成熟产业依次转移到东盟诸国(典型代表即"亚洲四小虎")。从20世纪80年代开始,中国东部沿海地区也开始这一国际分工体系。由此,在若干日本学者看来,东亚地区的经济发展呈现出一幅以日本到"四小龙"到"四小虎"到中国的东亚经济发展的雁行图景,在他们之间形成了技术密集与高附加值产业—资本技术密集产业—劳动密集型产业的阶梯式产业分工体系。这一理论一经提出,即由于其不仅很好地解释了20世纪80年代全球产业转移及国际经济合作路径,而且具有很强的开放性和拓展性(例如,随着中国经济的快速崛起和印度等其他新兴市场国家的开放,该雁行模式只需将具体的雁阵构成进行调整而无需改变理论内核即可继续保持逻辑自洽和现实解释力),在发展经济学理论研究和政府决策领域都得到了普遍的重视。

该理论作为发展经济学的主流理论阐述之一,在东西方均广为人知且具有很强的理论弹性和现实解释能力。我们认为,从易于实现国际传播、易于获得其他各利益攸关方理解和接收的角度

第八章 增量再平衡的现实抓手：超级项目的构思与既有案例分析

出发，在未来以解决现有国际经济失衡问题为目的的"增量再平衡"过程中，中国可以将新的国际合作与发展模式定义为"新雁行模式"。

具体而言，这一"新雁行模式"，将美国、欧盟、日本等传统发达国家，以及作为全球第二大经济体和制造业第一大国的中国为主要的领导者阵营，以具有劳动力要素禀赋（以印度、越南等为代表）、资源要素禀赋（以俄罗斯、巴西等为代表）等核心比较优势的新兴市场经济国家为核心跟进者阵营，以其他广大欠发达经济体为追随者阵营，形成一个有序分工、密切合作、动态演进的新国际经济制度安排。在这一新雁行模式中，领导者阵营的一个重要责任，即应作为利益分享方，将自身在知识、技术、组织和制度等层面的创新以互利互惠的方式向其他阵营转移，由此推动解决前述的国际经济失衡。

如果这一新雁行模式能够得以确立，则中国学术界亟待从战略层面回答的一个问题是：中国作为全球最大的新兴市场经济体，在该模式的领导者阵营中如何发挥独有的作用？

我们认为，虽然中国的国家创新能力在过去 30 余年中已得到了长足进步，在高铁、特高压输变电技术等若干领域已取得突破获得国际领先地位，但考虑到美、欧、日等传统发达国家在知识创新和技术革命方面长期积累的整体领先优势，短期内可行之方式仍应致力于基于中国在组织和制度层面所具有的国际公认的组织动员力强、执行力强的优势，利用我们在传统产业和大型基础设施建设能力上业已具有的发展经验，以"超级项目"建设的方式将之推广到国际经济合作的层面，这是中国在现阶段较美、欧、日等其他发达国家所独有的优势。从这个角度看，中国在未来的雁行模式中的地位可由此确立，而"超级项目"建设则是我们推动该模式构建的主要抓手之一。

第一节　超级工程：中国工业化快速进程的独特模式与经验积累

如前所述，我们认为，推动"超级项目"建设，是中国在新雁行模式的领导者阵营中具有的主要比较优势之一。这一比较优势的获得和形成，首先是基于我国政府相较于美、欧、日等传统发达国家政府在组织动员能力和执行力上特有的优势。我们认为，中国在20世纪50年代以来的工业化、现代化进程中，作为国家战略和国家意志体现的超级工程得到了充分的应用体现，积累了诸多的实施经验。

具体而言，本节所说的"超级工程"，主要是指体现国家意志、系统功能集成、规模投资巨大、前向和后向影响力大的战略性工程。从上述界定可见，超级工程的发动和实施主体无可争议地归于政府层面（体现国家意志），且由于其动用资源体量巨大且系统集成度高，往往非大国政府难以组织实施。正是由于以上限制，从世界经济史看，每一历史阶段的超级工程，大多由当时主要经济体的强势政府所为（举其大要，从古代的埃及金字塔工程、京杭大运河，到近代的巴拿马运河工程，到当代的曼哈顿工程、人类登月工程等，概莫能外）。而回顾20世纪50年代以来的中国经济史可以发现，由于1949年后政府迅速开始推进赶超型发展战略，力求在短期内快速推进中国的工业化进程（特别是重工业发展水平），使我们在组织和实施超级工程建设中积累了独有之优势。可以说，与其他经济体实现工业化的历史相比，之所以中国的工业化水平能够在20世纪50年代以后的几十年时间内得到快速的提升，由政府主导推进的超级工程建设是其中一个重要的原因。

回顾历史，20世纪50年代的中国在确定过渡时期总路线和制定中长期国民经济发展规划的过程中，通过多方面考虑，确定了优先发展重工业为中国工业化的路径。当时之所以采取这样的路径选择，经济史家认为最根本的原因有以下四点：① 我国原来的工业基础特别是重工业基础极为薄弱，与由农业国逐步转变为工业国的历史性任务很不相应。据统计，1952年，全国重工业产值只有仅占工业总产值的35%。若按全国人口平均占有计算，每人只有重工业产值21元（当时约合8美元）。特别是重工业生产设备和工艺极为落后,重要生产部门短缺,难以形成基本的产业链与生产体系。因而加速重工业生产建设,就成为改造中国经济结构的重要物质技术基础。② 苏联对我国进行了巨大的帮助,而苏联工业结构的相对优势即集中于重工业领域,因此其所提供的帮助也主要是重工业建设。在苏联帮助我国建设的"156项工程"投资中,能源工业、冶金工业、机械工业、化学工业和国防工业投资占比高达 91%。③ 当时中国处于相当严峻和复杂的国际环境,国家安全要求加速包括国防工业在内的重工业生产建设的步伐,从而成为确定优先发展重工业这条工业化道路的重要前提。

正是在以上约束条件下,相当一批重工业项目在 1949 年后迅速启动。考虑到当时中国的经济体制背景(计划经济体制)、严重滞后的工业基础,使中国的工业化进程一开始就以集中重点推进大型乃至超级工程为显著特征。举凡两弹一星、川藏公路等国内超级工程和坦赞铁路等援外超级工程,多属以国家意志为导向、系统集成度高、体量和投资巨大(按当时的经济发展水平)、产业带动力强,从而在组织、实施超级工程方面培养和锻炼了相关人才,积累了丰富的经验,形成了独有的运作模式,也为今天中国在新雁行模式中倡导、组织和实施新的"超级项目"提供了可资借鉴的人才、组织和运作经验。

第二节 "超级项目":技术经济统筹的总体竞争力呈现与系统资源整合的基本方式

在新的经济全球化时代背景下,本书所重点研究的"超级项目",可视为传统的超级工程在市场经济环境中的进一步发展,本书将之初步定义为:体现国家意志和人类共同价值、技术先进复杂、系统集成度高、规模体量巨大、具有全球性影响的超大型项目。如前所述,20世纪50年代以后诸多大型甚至超级工程建设形成的中国特有之工业化模式,为我们今天在世界范围内倡导和推进"超级项目"建设积累了诸多经验。

但我们必须强调指出的是,以政府为直接发起方、以国家意志为基础动因的传统超级工程运作模式在当下无法简单地沿用。其原因大致有二:

(1)此前我国的超级工程大多基于计划经济体制下政府主导的赶超型战略而展开,更多地偏重于超经济的战略与政治考量;而新的时代背景和国际环境下所急需的"超级项目",虽然不可避免地需要体现各方的国家利益与国家战略,但其直接目的是针对现有国际经济失衡所面临的增量再平衡,因此从项目市场化运作的角度需要更多地考虑投资安全和经济回报。换言之,在新雁行模式的"超级项目"建设中,中国是互利互惠的利益分享方而不是单向的利益施与方。

（2）今天的"超级项目"，如前文的界定，具有产业链长、体量投资巨大、系统集成度高等特征，因此在产业范围上远远突破了传统超级工程以基础设施建设为主的局限。如果说计划经济年代我国的超级工程在实施手段上因更多地受经济发展条件的局限而仍然偏重采用劳动密集型的建设模式，则今天的中国已经成长为全球第二大经济体、第一大外汇储备国和制造业大国，在若干高端装备制造业已经拥有世界范围的领先优势，我们的优势已不止于劳动力资源而拓展到了包括资金、（若干）技术、组织等多个方面。有效地利用需要对上述这些比较优势进行系统全面地配合使用，以保证在新雁行模式中确立我国作为主要领导者之一的地位，能更好地弥补作为追随者的广大欠发达经济体的短板和欠缺，实现优势互补。

基于以上原因，我们认为，本书所集中研究的"超级项目"，就其本质而言是技术经济统筹的包括国家、企业组织在内的总体竞争力在世界范围内的呈现方式，是包括人力资源、资金资源、物力资源、技术与知识资源、组织资源和动员能力在内的系统性资源整体整合的基本方式。这些"超级项目"，依托新雁行模式中领导者阵营长期经济发展所积累的兼具先进性和可靠性的技术创新能力，动员人、财、物投入到具有全球或区域影响层面的超大型项目中，以体现国家意志、国家利益（兼顾领导者阵营、新兴市场经济体阵营和追随者阵营的意志与利益）和人类共同价值，在全球经济再平衡中发挥"火车头"的作用。

第三节 "超级项目":从国内外经典案例抽象特质结合中国实际进行定义

如前所述,本文认为,积极推动以中国企业发起和主导若干超级项目,是构建新雁行模式,实现国际经济增量再平衡的战略举措,具有理论的合理性和现实的必要性,对于正处于三期叠加中的中国经济具有重要的战略价值。但这一新的战略思路要真正落地,需要有实力推进超级项目建设运营的企业,特别是有战略眼光的企业家能够深刻体认不同类型、不同行业的超级项目可能的实施路径及其特质。为此,经我们多方的文献检索、案例调研和专家访谈,我们将现有的和推进中的国内外超级项目案例进行分类整理,总结为八种基本类型。下文分别以案例介绍和案例点评的结构,对八种类型的"超级项目"进行初步的总结归纳。

一、全球市场的产业链重组、价值再造与市场重构

如前所述,我们所集中研究的"超级项目",之所以能够承担全球经济增量再平衡的"火车头"角色,是因为其产业链高度复杂,涉及增加值环节多,且往往一经建设与营运即会对区域性市

场乃至全球性市场产生巨大的重构（包括市场空间的重构和市场主体的重构）作用。我们认为，产业链重组、价值再造与市场重构，是"超级项目"的最基础特质之一。

全球市场产业链重组，意味着产业分工国际化和全球化的再调整或进一步延伸，此即增量再平衡的实现途径之一。第二次世界大战以来的经济全球化进程迄今为止已推进大半个世纪，从全球地缘政治格局到各主要经济体的经济实力均已发生深刻的动态变迁，要素禀赋和比较优势较之主动或被动地卷入全球化之初已完全不可同日而语（无论以美、欧、日为代表的发达国家还是以中国、印度为代表的新兴市场经济体均是如此）。因此，今天的各经济体均需要思考如何利用自身现有的要素禀赋条件参与未来的全球化分工，以保持国家或区域的战略地位并实现自身产业的长期利益。产业链重组、价值再造的内在原因在于成本或者效率，将自身的资源集中在核心技术能力和整合能力的保持与提升，将并不擅长和可以标准化的低端价值链生产采取全球化外包的形式。外在动机则是全球化的市场拓展。在全球大型民用客机市场上长期占据双寡头地位之一的波音飞机公司，即通过大型民用客机的"超级项目"，实现产业链重组、价值再造与市场重构的典型案例。考虑到我国以 C919 客机为先导的中国商飞可望在未来较短的时间内切入全球大型民用客机市场，并力图构建 ABC（空客＋波音＋中国商飞）的"三寡头"格局，以挑战 AB

(空客＋波音）的双寡头，可以认为波音公司在"超级项目"实施中的经验能够为中国在大型民用客机市场上启动的"超级项目"提供借鉴。

具体而言，波音公司曾长期是一个高度纵向一体化的企业，其上游供应商只限于提供原材料，而主要生产都集中于公司内部。但自20世纪后半叶随着经济全球化进程的推进和其他国家企业在制造、研发能力上的提升，波音公司越来越多地将业务工作进行外包，从非核心到部分核心的全球化转移，逐渐形成了目前标杆式的"全球供应链"模式。

在20世纪80年代以前，波音公司的零部件供应还是以自行研发和生产为主，如波音727项目只有2%的部分是由波音公司以外的供应商完成的。当时在启动新飞机项目时，波音公司都自行承担设计、研制、工装和基础设施建设的资金，甚至要向其美国国内供应商提供生产设备来生产机体部件。

1. 波音全球化产业链重组的动因与手段

（1）以非核心和标准化生产外包，致力于以"生产全球化"换取外包企业所在国市场的开放。

20世纪80年代以降，波音公司积极寻求海外制造业合作伙伴的基础动因是客机的购置与工业补偿贸易（offsets）联系更加紧密。美国飞机中如果有其他国家生产的部件，则更容易在相应的国家赢得订单。波音公司在这个时期顺势利用补偿贸易项目，在向一些海外国家销售飞机的同时将可标准化的低端零配件生产转移到这些国家，由他们提供相关的材料部件，来自世界各地的工程师对所有部件进行工序繁琐的校验、装配、测试和改进，最后制造飞机的部件从四面八方运至西雅图的波音公司装配工厂。这样既保证了波音飞机的海外销售市场，又利用全球化的资源配置降低了生产成本。

（2）供应链各节点的技术创新与共享推动波音公司的跨国供应链形成规模。

20世纪90年代以来，以网络信息技术大规模普及和应用为代表的技术进步在世界范围内出现，为国际分工进一步深化提供了技术支持。波音公司的供应链合作伙伴的技术创新能力获得了显著的内生性提升，既为波音公司的新产品分担了巨额的研发投资，又分担了可能的研发与市场风险。到波音777项目研发之时，其国外供应商的参与份额跃升至30%，波音公司"跨国供应链"已形成规模。

进入21世纪，随着新兴经济体在技术开发与制造能力上的进一步提升，以生产组织分工进一步深化和供应链的角色发生根本性的变化为标志的波音公司的全球供应链基本成型。遍布全球的各合作伙伴（供应商）的角色和作用在波音飞机的产品供应链中日显重要，供应商的角色由传统的零部件生产供应者转变为产品零部件总成的参与设计者，成为真正的战略意义上的合作伙伴。网络化的产品开发数据管理平台为供应商参与新产品的研发提供了信息技术的支持，使供应商参与产品开发不受地域的限制，同时保证了供应商与产品制造商在技术资源上的互补和共享。

波音公司的战略由此从生产的全球化发展为研制的全球化，波音787则代表了目前民机产业研制全球化的最高水平。波音公司的全球供应链模式将设计和开发成本与全球合作伙伴分摊，与供应商建立了全球性的协作体系，充分利用全球资源，加快了市场反应速度，推动了波音飞机在全球的销售，提高了目标市场占有率。波音公司采用的全球供应链战略有助于其集中精力于自己的设计研发、总装、供应链管理、营销和品牌这些核心业务，有助于缩短飞机的开发周期，降低公司的供应成本，减少自身投资和削减成本，分散研制风险，提升生产效率，满足全球客户的需求。

案例点评

在"超级项目"的建设与运营中，需要高度重视对全球化产业链重组与价值链再造的控制与协调，如表8-1所示。

表 8-1　波音公司全球化的产业链重组

波音 767	767 研制采取了国际合作和国内转包方式	波音公司与日本民用运输部（由三菱重工业公司、川崎重工业公司和富士重工业公司组成）签订协议，日本方面承担波音 767 研制费和工作量的 15%；随后意大利阿莱尼亚公司也参加了波音 767 项目，承担 15% 的研制费和工作量；美、日、意三方共同负责波音 767 项目的财务和管理，各方按约定比例为其销售提供经费和分配红利
波音 777	波音 777 的生产主要涉及 10 多个国家的 40 多家重要供应商、风险共担合作伙伴和转包商，以及一些小型专业供应商	日本三菱、川崎和富士重工业公司签订了风险共担伙伴协议，日方承担波音 777 制造工作的 20%，其中包括在日本研制和生产波音 777 飞机的机身段和零部件。日本为 777 研制投入了约 8.7 亿美元，另外又投入了 4 亿多美元用于新的基建和设备
波音 787	飞机 90% 的零部件由供应商制造，其高达 70% 的比例由国外供应商制造。波音只负责少数零部件生产任务和总装任务，是有史以来波音公司承担研制生产任务最少的一次	波音 787 的主要供应商位于美国、日本、英国、意大利等国，他们在设计、研发和制造方面比以往承担了更多的责任。在 787 项目上，波音公司总部的大量工作外包给全球供应商，波音公司只与全球 23 个一级供应商接联系，核心供应商数量大幅减少，赋予了供应商极大的责任

以波音公司为例，其所生产的核心产品——波音大型干线客机属于典型的制造业产业的"超级项目"，之所以其全球分包与合作的项目运作能够成功构建和维持，并通过项目运作维护和提升波音公司的品牌价值（在历年全球品牌价值排名中波音公司均高居前 10 位），以下几个要素不可或缺：

（1）合理的共享与利益分配模式。波音公司将一些关键技术转移给合作者，并分享市场收益。

（2）建立全球协同式信息系统和协调运行机制。在不断完善供应链系统的过程中，波音公司建立了包括信息搜集、原材料采购、生产、市场营销和客户支持及客户关系管理等环节在内的全球协同式信息系统平台。

（3）政治与国家战略。民机产业是一个国家的战略性产业，因此民机研制、生产乃至销售的背后都体现一定的国家意志。民机产业的竞争可以看成国家间的竞争，民机产业的合作也代表国家间一定程度的合作。在这个层面上，波音公司海外供应商战略关系的发展与美国国际关系的发展是完全契合的。

二、创造新市场与新需求的新兴产业尤其是战略性新兴产业

波音飞机"超级项目"所属的产业，主要应归类于传统的制造业产业，传统产业类的"超级项目"，相对易于在全球范围内寻找可靠的合作伙伴以实现产业链重组和价值再造，进而全面重构市场。而对于创造新市场与新需求的新兴产业（特别是战略性新兴产业）的"超级项目"而言，则往往受制于产业链配置的不完善而另有特征。

战略型新兴产业从需求来看，既有需求的延伸和升级，又是新需求的诱发。消费者从对产品的单一功能的需求逐渐过渡到社会群体价值的追求，于是共享、个性化、差异化成为现代消费的主旋律。从供给方面看，则需顺应时代需求的趋势，从产品创新

到要素创新、流程及价值链整合，不但要实现单要素生产率提升，又要实现价值链互补合作的整合效率。国内外大量理论和实践都表明，需求动因不仅是诱导发达国家所主导的全球价值链分工体系的内在原因，而且是决定一国（地区）产业升级动力的关键内生要素。尤其是能够创造新市场与新需求的新兴产业，一旦其产业发展方向被市场普遍接受，则可能产生巨大的产业带动作用，在市场的推动下可望通过"超级项目"的方式得到快速成长。本研究认为，深圳大疆所引领的当今正方兴未艾的民用无人机产业即可属于其中之一。

深圳市大疆创新科技有限公司是在当今这轮从"中国制造"到"中国创造"的浪潮中"不自觉地"通过"超级项目"方式实现快速成长的典型。该公司虽然仅有不到十年的历史（成立于2006年），但在新兴的全球民用小型无人机市场已占据约70%的份额，客户遍布100多个国家（地区）。

众所周知，无人机并不是在最近才出现的全新产品。早在1917年，皮特·库柏（Peter Cooper）和埃尔默·A·斯佩里（Elmer A. Sperry）就发明了自动陀螺稳定器，这种装置能够使得飞机能够保持平衡向前地飞行，无人飞行器自此诞生。虽然此后很长一段时间该产品受制于技术、成本等多方面因素的制约，仅有限地应用于军用、警用等领域，无法真正作为一个市场化的产品实现产业化生产，但将无人机引入广阔的民用市场的努力，一直不绝于缕。

从技术方向上看，无人机可分为固定翼、直升机和多旋翼三大类。其中多旋翼无人机拥有四个或者更多个旋翼，具有机械结构简单、便于操作与维护等优点；但相对于固定翼和直升机两个技术方向，多旋翼无人机的续航时间短，载荷也最小，故而在相当长一段时间内并不被业内看好。但进入21世纪以后，智能手机的出现和迅速普及，大大降低了包括陀螺仪在内的众多传感器的生产成本，这让大量使用传感器的多旋翼无人机的"大脑"生产成本大幅下降。同时，多旋翼的操控容易，对飞行场地的要求也不高，这些特性使无人机从原来的军警应用和专业领域，一下子成为个人可用的商品。据估计，未来十年世界民用无人机市场规模将达到673亿美元；到2018年，大量专业级无人机整机产品将推向市场。显然，全球无人机市场的发展已经达到了市场爆发的"临界点"，在安全、农业、测绘、勘查石油管线、灾难救助等多个领域具有显而易见的广泛应用空间，其背后所蕴藏的商业价值正不断被挖掘。对比前文有关"超级项目"的定义，可以说，民用多旋翼无人机产业，在今天具备以超级项目快速推进的潜力。

凭借精湛的技术力量和高端人才力量，深圳大疆从商用自主飞行控制系统起步，填补了国内多项技术空白，逐步推出了飞行控制系统、云台系统、多旋翼飞行器、小型多旋翼一体机等产品系列。尤其值得指出的是，在国内外众多的竞争对手中，大疆较早地将无人机复杂的使用程序简化为容易使用的消费级产品，创造出了一个新的消费市场。作为消费级产品的无人机，大疆以"会飞的相机"为卖点，从飞控系统、机身、云台和摄像头，全都实现自主研发。为保持和推动市场需求的不断增长，大疆还与阿里巴巴、穷游网、土豆优酷等民用互联网领域的巨头企业建立战略合作协议，构建了线上线下互动平台。

大疆上述努力在全球的民用无人机同行中重新定义"中国制造"的内涵，得到了广泛的好评和集中的追捧：2014 年，大疆的 DJI Phantom 系列被英国《经济学人》杂志评为全球最具代表性机器人之一，同时也是唯一一家上榜的中国公司；DJI Phantom 2 Vision+被美国《时代周刊》评为"十大科技产品"；DJI Inspire 1 入选《纽约时报》"2014 年杰出高科技产品"；DJI Inspire1 获搜狐时尚盛典科技创新奖；在 2015 年《Fast Company》消费类电子产品创新型公司评选中，大疆创新位列第三，仅次于大名鼎鼎的谷歌和特斯拉，是唯一一家入选的中国公司。

案例点评

从国家战略来讲，创新发展是"制造强国"建设的核心，大疆在新兴的民用无人机市场上的创新无疑适应了从"中国制造"到"中国创造"转型的国家战略。在这个数百亿美元的蓝海市场上，由于其产品的新颖性和开创性，难以通过既有的产业链相关

第八章　增量再平衡的现实抓手：超级项目的构思与既有案例分析　171

企业的整合推进，深圳大疆选择以技术创新为核心支撑，通过自主研发掌握核心技术，独立开发全新的民用无人机产品以满足潜在的市场需求，并利用与阿里巴巴、土豆、优酷等互联网平台的合作取得面向终端消费者的服务和互动优势，由此取得了在民用无人机这个潜在的"超级项目"中的先发优势。

三、支撑与提升国家总体能力和需求的基础产业及资源产业

除前述案例一中的波音公司所属的传统高端制造业和案例二中的深圳大疆所属的新兴产业外，超级项目还易于在支撑与提升国家总体能力和需求的基础产业、资源产业中出现。特别是如果该国在特定的基础产业、资源产业中业已具备全球范围的比较优势，则更易于主导该类超级产业的启动与推进。我们认为，今天，中国轨道交通产业就是其中的典型代表。本研究选择作为中国中车集团的龙头企业——中车四方公司为样本进行分析。

中车四方股份公司可谓中国高铁超级项目的领头羊，在国内率先开发了首列时速200～250 km高速动车组、首列时速300～350 km高速动车组、首列时速380 km高速动车组、更高速度试验列车、首列城际动车组等，已形成了安全可靠的时速200～380 km产品系列，用较短的时间走完了发达国家轨道交通装备企业近40年的技术发展之路。最为可喜的是，四方股份公司目前的技术研发已经从单一的产品研制成功向构建新的技术平台转变，不

仅成功研制了城际动车组,而且建立了 Cinova 的技术平台。在这个平台下,中车四方股份公司已形成了不同速度等级、不同编组形式、不同平面布置的城际动车组系列化产品。

在领头推动中国高铁走出国门的全球市场开发与推广工作中,四方股份形成了两个在基础产业"超级项目"开发中具有可推广性的两个指导思想:一是"以我为主";二是"先人一步"。

"以我为主"就是必须在创新中坚持"以我为主"。依据要素禀赋匹配原则,加之本书所集中探讨的"超级项目"需要在世界范围内具有足够的先进性,这就决定了任何"超级项目"的技术开发需要借鉴但绝对无法完全照搬任何外国的现成技术。引进技术必须坚持"以我为主"。在技术合作中,必须以自有要素条件为基础,紧紧把握住企业的主动权,在消化吸收的同时进行自主创新的配套投入,掌握核心技术,为自主创新打下坚实基础。

"先人一步"的创新战略,需要前瞻的思维和扎扎实实的技术储备。在既有的技术储备基础上实施从引进到消化到吸收,最终到再创新,每一个阶段均超前谋划,对产品前景了然于胸并进行顶层设计。具体而言,四方公司构建了如下三大创新支持平台,如图 8-1 所示。

通过构建一流研究平台,在前期拥有的国家级技术中心和博士后科研工作站的基础上,四方股份公司成功建立了国家高速动车组总成工程技术研究中心、高速列车系统集成国家工程实验室、中国高速列车产业化基地。

第八章 增量再平衡的现实抓手:超级项目的构思与既有案例分析　173

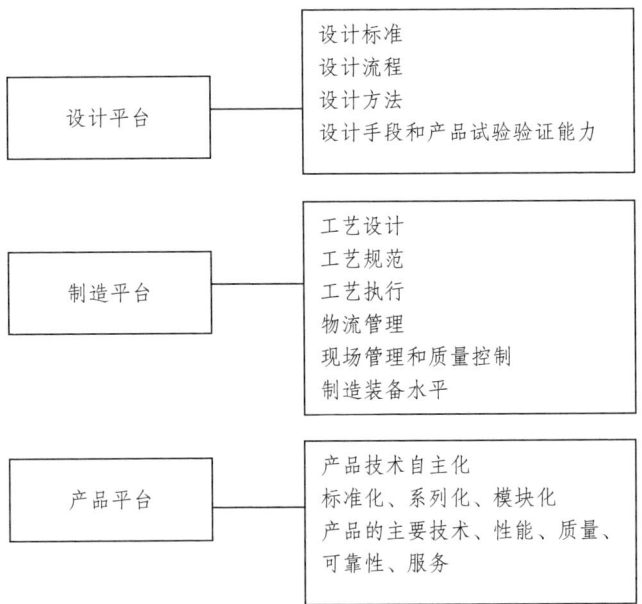

图 8-1　青岛四方股份创新支撑平台

四方股份公司坚持在内部实施专业化分工,实施主机企业集约化、系统和零部件企业专业化、一般零部件社会化的原则,由主机企业中车四方股份公司牵头负责,各相关企业积极参与,同时联合战略核心供应商,共同开展科技创新,形成以市场拉动型为特点的科技创新组织模式。同时,以项目为依托,充分整合外部科技资源,建立产学研用创新联盟。尤其值得一提的是,2012 年在科技部的主导下,中车四方股份公司作为主发起单位(理事长单位),联合 16 家科研院所和企业,成立了中国高速列车产业技术创新联盟,向着高速列车"谱系化、智能化、绿色化"的目标迈进。

通过以上运作，在中车四方高速动车组产品风行四方之时，中车四方股份公司也在高速动车组产品上赢得了"标准"话语权。高速动车组产品的设计标准、工艺标准、产品标准、采购标准、检验标准已成为公司最宝贵的创新财富。

案例点评

如前第二章所述，在过去20多年政府的强力推动下，原本为补齐制约国民经济发展的交通运输"瓶颈"而得到政策和资源倾斜的中国轨道交通产业，特别是高铁产业，已俨然成为具有全球影响的"国家名片"。截至2015年，龙头企业——中车的产品已经覆盖六大洲101个国家和地区，全球超过80%拥有铁路的国家和地区都在使用中车的产品。从中国高速铁路建设的实践看，高铁"超级项目"从建设到运营的全生命周期中均可以提供大量就业岗位并以乘数效应带动GDP增长。与此，作为"超级项目"的高铁同样具有巨大的前向和后向产业辐射能力，能够带动电子、信息、建筑、旅游等相关产业发展。正是由于中国高铁这一"超级项目"在全球铁路行业所具有的强大比较优势，中国高铁的世界版图不断延伸。尤其自中国政府提出"一带一路"倡议以来，中国中车以及以中国铁建为代表的龙头企业在世界范围内广泛推广聚焦用户需求，致力用中国高铁方案解决世界范围的陆地交通问题，已将高铁打造成为中国制造金字品牌。中国高铁这一"超级项目"所到之处,既展现中国制造业的实力,又惠及各国人民,推动实现"道路联通、贸易畅通、货币流通乃至民心相通"的目标,已成为当前由中国企业所发起和主导的"超级项目"中进展最明显的一例。

四、强劲启动机制推动多变量、多主体复杂资源整合与价值再造

如前所述,前三类"超级项目"之样本均具有单一行业产业链(分别为大型民航客机、民用无人机和高铁产业)、单一主导企业(分别为波音、大疆和中车)的特征,而在未来的"超级项目"中,还有一种可能的途径,即涉及多产业链(多变量),因此有多主体参与的复杂资源整合。我们认为,可以利用既有中医药资源优势,搭上互联网+平台,整合中医药材市场、医院就诊、诊后服务一体化的康美药业为样本,分析这类多变量、多主体的复杂资源整合与价值再造型"超级项目"。

从产业发展的政策背景看,2016年2月,国务院第123次常务会议研究讨论了《中医药发展战略规划纲要(2016—2030年)》。该战略规划的颁布是党中央、国务院领导高度重视中医药事业发展的具体体现,显示政府已将中医药产业发展上升到国家战略的层面。从这个角度看,康美药业所从事的中医药行业,已具备进行"超级项目"的基础。

具体而言,1997年成立的康美药业主营业务以中药材和中药

饮片为核心，目前其主业范围涵盖西药、保健食品、中药材市场经营、医疗服务、医药电商和互联网医疗等业务，是当今国内中医药产业领域的龙头企业。在其19年的发展历程中有几个极为重要的关键点，如图8-2所示：

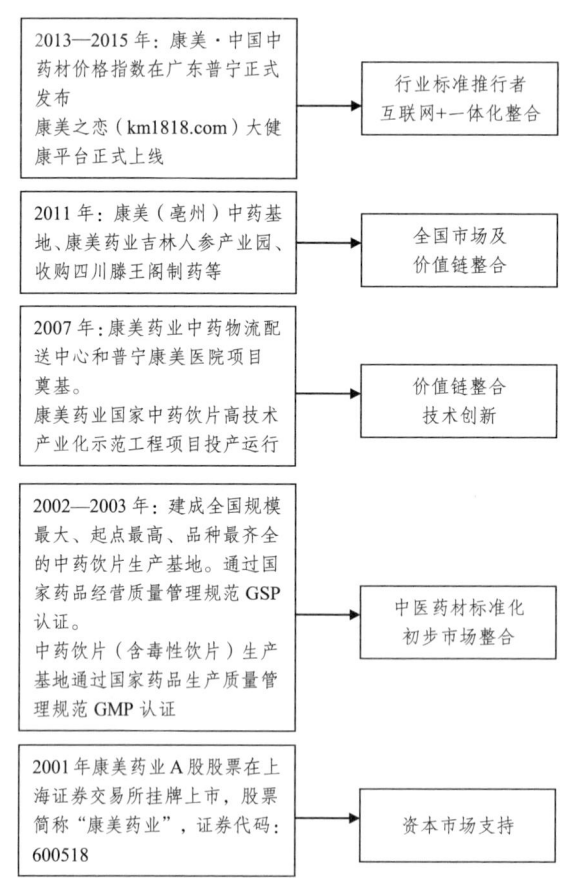

图 8-2　康美发展历程与关键点

从图中可以提取康美发展中的关键词：资本、标准、整合、价值链一体化，且其发展中涉及从东北到西南的多主体复杂要素整合。康美药业以"中药"传承中的核心难题"难以标准化"为出发点，推动行业和国家制定相关标准，目前建立了全国最大中药材电子商务交易平台，同时整合全国重要的中药材资源产地并和医院合作，公司全面拥抱互联网+，拥有B2B康美e药谷、B2C康美健康商城、O2O智慧药房、互联网医疗等多个平台，逐步实现从药、医、药房服务多个细分行业的一体化价值链全面覆盖。

近年来，该公司积极响应国家的"互联网＋"战略，以中医药全产业链为核心，依托全渠道营销优势，推出了康美易创O2O模式，涵盖直销、经销、连锁、代理、电商等五种业务模式，实现了资源共享、渠道共享、服务共享，成为康美打造"大健康+大平台+大数据+大服务"体系的重要一环。具体来看，康美智慧药房是一种APP+城市中央药房的运营模型，APP方面提供线上挂号、智能导诊、缴费、物流查询和检验查询，城市中央药房方面获取医院（直接来自HIS）和APP（拍照上传）方面的处方，可以为医院、社会医疗机构及患者提供中药饮片、中西成药调剂、中药煎煮、膏方制作、送药上门等服务。康美的智慧药房产生的整合正向效应十分显著，无论是对患者还是医院，相比于传统服务模式可能带来的就诊环境拥挤、服务流程复杂、就医流程不清晰、耗费人力成本等一系列问题，智慧药房的全新业务流程在改善患者就医体验方面都有无可比拟的优势。

案例点评

按照《中医药发展战略规划纲要（2016—2030 年）》的建议，中医药已上升至国家战略。规划提出了信息化、标准化、产业化、现代化的发展思路。康美以中国医疗供给不足和中医药标准化为契机，利用互联网浪潮强劲启动机制推动多变量、多主体复杂资源整合与价值再造：

（1）智慧药房是移动医疗与城市中心药房相结合的 O2O 模式，有望成为医药分开的一个标杆。智慧药房符合医改政策趋势，同时能抓住医院、患者两方在传统医疗模式下的痛点进行切入，满足多方需求，实现共赢。对于康美来说，智慧药房能有效提升公司中药饮片业务的市场份额，并能与公司当下所进行的以及未来即将布局的多项业务有机结合，形成协同效应。

（2）公司设备已接近全自动化，预计很快实现全程智能化管理。从业务上来说，年内公司预计可覆盖广州、深圳、北京、上海、成都五大城市，预计可覆盖 280 家以上医院，日处方量达 30 000 张左右。预计 2016 年能为公司贡献 4 亿左右收入，成熟期可为公司带来数十亿级的年增量收入规模。

（3）智慧药房存在较高进入壁垒。康美拥有先发、品牌影响力、全产业链支撑、仓储物流网络四大优势,布局覆盖全国,其他公司模仿这种模式存在一定的难度,康美有望在未来智慧药房形成的"一超多强"格局(一个全国性公司、数个地区性公司)中分得最大的那一块蛋糕。

由以上分析可见,在政府将中医药产业发展上升到国家战略的政策背景下,在中国进入老年化社会后对中医药及医疗保健服务强劲需求的拉动下,尤其考虑到经过几千年积累的中国传统医药资源在全球范围内的独特性和不可替代性,如果康美拥有这套打通线上线下资源,打通药、医及后续服务,利用项目运营逐步积累的海量医疗健康大数据资源,则"该超级项目"将在相当程度上改变目前中国乃至其他国家(至少其中能够接受中医药的东亚国家)医疗资源供给在空间分布和质量分布上的不平衡,具有广阔的推广空间。

五、改变区域经济资源配置方式与方法或带动系数高的牵引性大项目

按照区域经济学的成熟理论,区域的资源配置方式决定于既有区位特征和资源禀赋。边际收益递减和边际替代率递减规律说明,现实经济中必须通过外在推动力和牵引力方可以将处在依赖既有生产要素的低水平均衡状态的区域经济推向新的发展之路。基础设施建设项目通过改变生产要素位移和贸易范围而显著带动相关产业提高生产效率,是改变区域经济资源配置方式及带动系

数高的牵引性大项目。但由于这类牵引性项目往往投资巨大,且具有极强的正外部性溢出,因此投资回收期长,所以一般都以国家和国企作为投资建设的主体。本研究认为,中国在非洲的大规模基础设施建设项目即属该类"超级项目"的典型例证。

中国与非洲在超级项目上的合作,可追溯自20世纪70年代作为国家意志集中体现的超级工程——坦赞铁路。可以说,长期以来中国一直致力于帮助非洲着力破解基础设施建设滞后的发展瓶颈。特别随着中国经济实力的提升,若干由中国企业发起与主导的"超级项目"已经在非洲落地(详见表8-2):

表8-2 近年中非基础设施大项目

年 份	项 目	特点与影响
2014 年	中国土木工程集团与尼日利亚联邦交通部签订了尼日利亚沿海铁路项目框架合同,总金额达131.22亿美元	资金、技术、标准、装备制造和管理经验将随着铁路工程的建设带入非洲,为非洲铁路网建设再添动力
	肯尼亚近百年来新建的第一条铁路——肯尼亚蒙巴萨至内罗毕铁路(简称蒙内铁路)项目举行中肯共同融资协议签字仪式	肯尼亚创造近3万个工作岗位,推动肯GDP增长1.5%
2014 年 12 月	东非铁路网的起始段,合同总金额逾38亿美元,工期5年。蒙内铁路全长480千米,设计运力2500万吨,采用中国国铁I级标准	蒙内铁路被誉为东非铁路网咽喉,是东非北部走廊的第一段,将为东非一体化提供基础设施保障
2010 年到 2013 年	中国北车为非洲19个国家提供了1842台铁路机车车辆,总金额达3.5亿美元,成为非洲铁路装备的主要提供商	目前,中国拥有世界一流水平的机车、轨道和通信信号科研制造能力,中国铁路的标准和规范逐渐"走出去"

第八章 增量再平衡的现实抓手:超级项目的构思与既有案例分析　181

续表

年　份	项　目	特点与影响
2012年4月正式动工 2015年8月30日开始试运行	埃塞吉布提铁路全部使用中国标准,从设计、施工、监理、到轨料、施工装备、通信信号和电气化设备、机车车辆,全部使用中国产品	中国铁建所属中土集团承担其中吉布提境内100千米及埃塞米埃索至吉布提边境340千米的工程建设 中铁二局承建埃塞境内米埃索至亚的斯亚贝巴的330千米
2014年	横贯安哥拉全境、长达1300多千米的本格拉铁路开通运营	采用中国铁路技术标准建设
2014年5月	亚的斯亚贝巴至阿达玛高速公路一期竣工揭牌,并举行二期工程开工奠基仪式。这是埃塞首条、东非规模第一和等级第一的高速公路	不仅公路本身由中国企业设计、施工,而且沿途还有由中国公司联营建设的风力发电场,正由中埃塞两国建设者铺设的埃塞第一条现代化铁路——亚的斯亚贝巴至吉布提铁路
2013年到2016年	这座现代化大桥由中国中铁建工集团和中国中铁大桥局组成联合体承建,是撒哈拉以南非洲最大的斜拉式跨海大桥,被坦桑尼亚民众誉为"东非最壮观的桥""东非第一大桥"	基甘博尼大桥连接坦桑尼亚第一大城市达累斯萨拉姆市区与海洋资源丰富的基甘博尼半岛,造价1.35亿美元,全长680米,主跨度200米,桥面宽32米,双向6车道,采用国际标准设计、施工。大桥工程建设为坦桑尼亚创造了5000多个就业岗位,主要人员本地化率达到90%,管理层本地化率达30%
2015年7月奠基	巴加莫约综合港口和产业园项目拟投资至少100亿美元,由坦政府、阿曼国家基金和中国招商局国际共同联合开发	建设港口及配套经济特区,有望成为"一带一路"的关键节点。巴加莫约港项目对阿曼而言,具有诸多重要意义,如促进收入来源多样、进一步发展物流业和港口业。该港也将成为阿曼企业进入非洲这一广阔市场的重要门户,从而带来众多贸易、投资机遇

案例点评

从上表可以看出,中国对非洲基础设施的巨大投资,不但可以帮助解决非洲经济发展中因为地理位置约束而导致资源利用效率低下的困难，而且可以联通和创造更大的市场，为非洲的区域经济发展拓展市场，为广大的非洲人民谋利益。在此过程中，中国的制造实力也得到了进一步的提升和验证。可以认为，中国企业以集群方式在非洲发起和主导的上述"超级项目"，通过改善非洲大陆落后的交通基础设施现状，将在建成运营后极大地改变非洲地区的资源配置条件，为未来非洲的经济社会均衡发展提供长效的支撑，具有极大的带动力和正外部性。

六、国家间战略互惠项目或区域共同市场领头羊项目

如前所述，与完全体现国家战略意图、主要由政府主导的超级工程项目不同，"超级项目"系市场经济环境下，由企业所发起、主导与推进，但这并不意味着"超级项目"与国家战略的完全绝缘。事实上，伴随着新千年以来国际地缘政治格局的剧烈动荡，特别是近年来TPP、TTIP框架下酝酿巨大变数的国际贸易与投资格局，中国企业需要承担起带有国家间战略互惠色彩或区域共同市场建设先导（领头羊）的"超级项目"。我们认为，中国岚桥集团正在推进的澳洲达尔文港项目即属此类。

达尔文港是澳洲北领地的传统深水良港，从经济地理的角度看，该港位于作为资源出口大国的澳大利亚经新加坡到中国的弧线之上，是南半球澳洲、新西兰到东亚海运线上的重要支点，具

第八章　增量再平衡的现实抓手：超级项目的构思与既有案例分析　183

有极强的战略价值。2015 年 10 月 13 日，澳大利亚北领地政府宣布，中国岚桥集团以 5.06 亿澳元获得达尔文港 99 年的租赁权。岚桥集团方面表示将依托达尔文港大力发展中澳双边贸易，计划未来 25 年向达尔文港投资 2 亿澳元，促进澳大利亚与中国的贸易和旅游联系。澳大利亚官方普遍看好岚桥集团在港口经营领域的专业知识和技能及其可能产生的产业带动作用：岚桥集团对达尔文港的投资将促进澳北部发展，并带动更多投资进入农业、能源、矿产和基础设施等行业，且该地区将受益于岚桥集团在亚洲的"位置、关系和经验"。

显然，由岚桥集团所发起和主导的达尔文港"超级项目"将在事实上成为我国"一带一路"倡议中的一个重要战略支点。从商业角度讲，达尔文港是距离亚洲、距离中国最近的澳大利亚港口，路程短对于降低物流成本来说是天然优势。它不仅是澳洲出口到中国的铁矿石和煤炭的主要运输港口，也是农畜产品等其他货物的主要运输口岸。在中澳自贸协定生效后，包括牛肉等许多澳大利亚商品出口中国的关税将逐步降低，最终实现零关税。这必然对双边贸易和澳大利亚的生产都有很大促进，对达尔文港也是一大利好。此外，由于北澳的液化天然气储量占全澳的 90%，待未来相关液化天然气项目投产，达尔文港可望成为澳洲液化天然气出口中国的贸易要地。在清洁的、热值高的天然气能源日益受到世界各国重视的形势下，岚桥集团早已于 2014 年成功并购澳大利亚上市公司——西部能源公司。从目前看，岚桥集团正是以控股的西部能源为资源平台，以达尔文港租赁项目为运输节点，实现"产业在国内，资源在国外，运输节点在手中"的全球化能源战略布局。

【案例点评】

岚桥集团作为山东的一个民营企业集团，近年来积极响应国家发展战略，拓展海外业务，先后并购西部能源和租赁达尔文港，加之后续的开发经营（为期至少百年），不仅是中国企业海外跨境收购的成功典范，而且这一"超级项目"恰好符合国家间互惠共赢的国家战略取向（澳洲经济重心位于以墨尔本、悉尼为代表的南澳地区，欠发达的北澳和西澳地区恰好在铁矿、煤炭、天然气等资源上需要与中国合作；而中国也需要通过布局澳洲推进"一带一路"倡议的落地），可视为实现国家间战略互惠的"超级项目"代表案例。

七、各类特殊目的性大项目或关键性项目

这里所说的"特殊目的性大项目或关键性项目"主要是指与国家战略和国家核心产业竞争力的快速提升有密切关系的超级项目。按照产业经济学和创新理论的观点，跨越性创新是后发国家在某些产业中赶超先进国家的有效途径。对中国这样的后发大国

第八章 增量再平衡的现实抓手：超级项目的构思与既有案例分析

而言，大力推进技术跨越性创新，"在借鉴发达国家发展经验的基础上，集成自主创新和国外先进技术，跨越技术发展的某些阶段，直接应用、开发新技术和新产品，进而形成优势产业"，是"提高国家的综合国力和国家竞争力"的一个必然选择。

众所周知，虽然在过去30余年得到了高速的成长，与国际产业巨头相比，大多数细分行业的中国制造业企业仍然在核心技术能力、设计能力以及研发资金投入等方面存在一定的差距（就目前而言，华为、大疆等全球细分行业的明星企业仍属特例）。在这样的背景下，有一类"超级项目"是为解决制约关键节点创新等各种特殊目的而发起。我们认为，主营液晶面板生产的京东方就是其中一例。

液晶面板被称为信息产业的"粮食"，是新一代电视、电脑和手机等下游整机的核心部件。2004年，在世界液晶产业格局当中，韩国位居第一（42%），我国台湾地区第二（40%），日本第三（18%）。换言之，当时中国大陆的液晶显示屏生产技术相对比较落后，占全球最大需求份额且亟待实现进口替代的中国彩电整机产业、电脑产业乃至其后的智能手机产业，不仅需要动用巨额外汇进口液晶面板，而且在若干新型号面板上还可能因长期面临"缺屏之痛"而无法在高端市场上发力。

2003年，跟踪、预研平板显示技术近10年的京东方，在政府财政支持下，通过海外收购HYDIS公司与TFT-LCD业务相关的厂房、建筑物、机器设备、动力设备等固定资产，专利、技术、研发力量等无形资产，海外资产，以及全球性的 TFT-LCD 市场营销网络，开始进入 TFT-LCD 领域，占领液晶面板领域的制高点。京东方独具特色的"境外收购—海外融资—国内建设—带动配套"模式，使其在最短的时间内实现了将国际领先技术向国内的转移，同时也肩负起参与显示屏行业国际竞争的使命。同年，京东方斥资 10.5 亿港元以每股 2.95 港元的价格收购了在香港和新加坡两地上市的世界第二大显示器供应商——冠捷科技有限公司（AOC）共计 3.56 亿多股的股权，实现了对显示屏下游市场的整合，这为京东方启动市场奠定了基础。

2005 年 1 月，京东方自主建设的 5 代线投产；2010 年，京东方合肥 6 代线投产，结束了我国大尺寸液晶面板全部依赖进口的局面；2011 年 6 月，中国 8.5 代线建成投产，打破了大尺寸液晶屏的国外垄断，一举跻身世界五强。今天的京东方产品广泛应用于手机、平板电脑、笔记本电脑、显示器、电视、车载、数字信息显示、健康医疗、金融应用、可穿戴设备等领域。2015 年，京东方全球首发产品覆盖率 39%，年新增专利申请量 6156 件，累计可使用专利超过 40 000 件，位居全球业内前列。此外，2014 年、2015 年，BOE（京东方）智能手机、平板电脑面板市占率连续两年全球第一，电视面板市占率增至 13.4%，升至全球第 4 位。依靠过去十年数千亿元真金白银的海量资金投入，京东方初步确立了全球显示领域的领先地位。几乎凭其"超级项目"的一己之力，推动中国的液晶显示产业从无到有、从有到大、从大到强。

|案例点评|

京东方在"超级项目"的推进期间，曾经面临诸多严峻的困难和挑战：国外巨头的降价打压、2008年以来国际金融危机的外部冲击、市场增长乏力等。在巨大的压力面前，京东方始终坚持对"超级项目"的超级投入，坚持上新生产线，最终实现了该"超级项目"进口替代战略目标的实现。

八、复合特性及资本手段与大金融手段的超常应用的特殊项目

如前所述，一般而言，市场化决策是"超级项目"的出发点，但需要强调的是，有一类"超级项目"，其承担的主体虽然是企业，但基于企业家的个人偏好、技术热情，将更多的资源投入未必有直接盈利的空间，更多地是进行狂热追求技术进步、拓展人类知识边界的活动，我们将之称为复合特性（知识探索和长远盈利目标兼有）的特殊"超级项目"。由于这类项目在可以预见的一段时间内往往没有盈利模式，因此通常需要通过资本手段与大金融手段结合实现项目融资。其中，Google（谷歌）公司的全球免费无线网络覆盖计划就带有这样的色彩。

按照谷歌的计划，该公司拟在未来花费超过 10 亿美元来部署近地轨道卫星，为全球偏远地区的居民提供互联网接入服务。该计划通过升空的卫星，向全球提供"无盲区、无死角"的免费无线网络服务。谷歌方面声称：任何人不管身处高山、大漠、极地还是海洋，只要手持一部价值不过数十美元的中继转发器，即可上网。

美西时间 2016 年 3 月 27 日，搭载 6 颗谷歌卫星的运载火箭发射升空。人们普遍认为，这一发射是谷歌向全球免费无线网络覆盖计划迈出的第一步。据消息人士称，谷歌已计划安排在今年之内发射超过 60 颗卫星升空，如果顺利，则意味着未来几年内该"超级项目"将实现卫星组网成功，初步实现全球免费无线网络覆盖。

案例点评

鉴于该"超级项目"的构想在技术实现度和落地国政府管理，乃至法律合规等问题上尚存在诸多争议，本书暂不对该"超级项目"对于全球网络安全和信息管理可能带来的影响进行讨论（因该项目投入运营使用后未来的管理制度和管理方案还未见披露，特别是其中的国际合作机制尚付阙如），但单从该项目的免费开放看，如能满足落地国政府相关互联网产业的管理政策，则该"超级项目"构想实施后的社会正向影响显而易见。众所周知，现有的互联网接入方式中，无论拨号接入、ISDN、ADSL、光纤宽带接入等有线接入还是无源光网络、无线网络、电力网接入等，均无法实现真正意义上的自由互联，从而仍然使互联网接入服务受制于基础设施、地理空间等限制。而一旦谷歌的该"超级项目"能够投入运营，则地域的约束特别是地理位置的约束将被有效化解，人们之间的信息连接变得更加便捷与低成本，信息共享将史无前例地拓展。

第四节 作为增量再平衡抓手的"超级项目"的若干运作要素探索

一、阶段性特征：超级项目前期、中期与后期

从前面几节所列举的"超级项目"案例可见，本书所集中研究的"超级项目"，从最初的项目提出、可行性研究讨论，到决策、建设以及建成后的投入运营，达到项目设计产能，无一例外均有极长的时间周期，而达产后的生命周期更加漫长，往往耗时以十年甚至百年计（而若干特殊的"超级项目"如中国的京杭运河；国外的巴拿马运河项目等超级基础建设项目其时间周期更长）。因此，本节将主要利用项目生命周期理论，将"超级项目"大致划

分为前期、中期和后期三个粗略的阶段,对每一阶段的特征进行简要梳理。

按照项目管理的一般观点,项目是一个特殊的待完成的有限任务,它是在一定时间内,满足一系列特定目标的多项相关工作的总称。从项目时间周期的角度看,"超级项目"虽然耗时远较普通建设项目长,其外延边界可能比普通项目较难厘清,但毋庸置疑,其仍然是有限任务(否则我们将无法进行有效的项目评估)。由此,我们认为在周期上"超级项目"有如下主要特点:

(1)整个项目仍然可以定义为一次性的过程。

(2)在项目前期(启动阶段和计划阶段)进行尽可能深入全面的项目决策(包括多个备选方案的比较评估);在中期(实施阶段)进行项目设计、建设、施工;在后期(运营阶段)交付运营使用和维护。整个项目生命周期长、结合部和不确定因素多。

(3)每个阶段均有巨大和不同的资源投入和风险暴露。既然"超级项目"是体现国家意志和人类共同价值的,则注定在从决策开始每一个阶段均有巨大和不同的资源投入要求,因而面临复杂的风险。

具体而言,本书整理出"超级项目"的阶段性特征,如表8-3所示:

表8-3 "超级项目"的阶段性特征分析一览表

项目周期	主要工作任务	核心资源使用	涉及阶段主体	风险暴露	所需资金类型	现有典型案例
前期	战略构思形成；国际协调、协商和游说；初步的方案比选（备择方案的风险评估）；项目方案的初步优化	战略设计资源；国际协调、游说资源；项目评估资源	非政府组织；政府组织；高层次技术经济评估专家团队	战略构思的科学性与现实可行性不足（甚至不排除存在巨大偏差导致构思完全无效）；国际游说能力与协调能力不足导致无法获得各利益攸关方的支持	相对较少；主要依靠国际组织、政府、跨国企业（包括各类金融机构）所提供的前期研究基金	谷歌公司正在推进的全球免费无线上网计划等
中期	操作性的项目设计与优化；项目融资；项目建设、施工	高层次的项目设计资源；资金资源、人力资源与物力资源的配置与调度；建设、施工期的国际协调资源	高层次技术经济评估专家团队；海量资金的融资与调度团队；巨大人力资源与物力资源的筹措与调度团队；高层次的政府与非政府组织协调团队	筹资过程中的资金风险；施工过程中的各类施工风险；与各利益攸关方协调不足可能爆发的协调风险；国家与地缘政治风险	规模巨大；沉没成本极高，主要依靠市场化方式（包括国际经济组织贷款、银团信贷、直接利益攸关方国家的银行贷款、在国际金融市场发行项目建设债券/信托产品等方式）滚动融资	中国"一带一路"倡议下的中泰铁路合作项目等
后期	项目建成后的投产和达产；后期的运营维护	项目运营和维护的资源	项目运营团队	投产达产周期过长；运营维护不力导致项目经济与社会绩效不能达到设计要求；与项目当地利益攸关方协调不力；国家和地缘政治风险	随着投产后项目自身造血功能的逐步发挥，外源性资金需求趋于减少，但不排除因未能达到设计的技术经济指标而成为资金黑洞	美洲的巴拿马运河项目

鉴于以上几个周期性阶段性特征,"超级项目"管理成败的关键在于各阶段的决策,而决策的依据是完整的信息收集与分析能力。项目每个阶段的初始信息集、行动集、自然状态集等都直接影响决策的正确性和科学性。对"超级项目"而言,系统分析方法是决策的重要手段,是科学决策的基础。必须在每个阶段均贯彻系统分析方法,综合应用多学科知识进行定性和定量分析,协调各国际组织、区域组织、各国政府与非政府组织、企业乃至具体人(例如很多超级工程项目因得不到当地居民的支持而遇到麻烦)的活动在内的复杂系统的各种矛盾和冲突因素,提高决策者对所决策问题认识的清晰程度,从而促进科学决策,提高管理水平和效益。从管理的具体实施来看,其实质则是为了充分利用各种资源达到一定目标而对社会或者其组织成分施加控制。因此,工程项目管理必须以系统科学、控制论和信息论为理论基础,采用相关理论、信息集成技术和矩阵式管理结构,以高度专业化、科学化、市场化的手段,对项目实施每个阶段进行侧重点不同的全过程进度、费用、质量、资源、财务、风险等实行动态、量化管理和有效控制,以达到最佳的阶段性目标。

二、相关操作主体:孵化、投资、运营的相对分割与全程融合

如前所述,在"超级项目"从前期的战略构思阶段,到后期的运营维护阶段,涉及主体涵盖政学商以及当地民众各界,利益

第八章 增量再平衡的现实抓手：超级项目的构思与既有案例分析　193

关系错综复杂，稍有不慎即可能导致项目面临巨大的风险（例如，在既有的"超级项目"中运营情况相对稳定的巴拿马运河，曾经由于一个当地青年闯入禁止区域被警卫枪杀而一度引发严重的国际纠纷）。因此，除提高项目决策水平这一根本保障外，在项目前期、中期和后期对相关操作主体的责权利进行相对分割与全程融合，是降低项目风险、保证项目正常推进的一个关键。本节将继续基于上文的阶段性划分，重点就前期的孵化、中期的投融资和后期的运营这三个方面的工作进行相对深入的分析。需要说明的是，这里没有提及的其他工作（如设计、建设施工、维护等），同样在"超级项目"实施中具有重要的作用，但考虑到现阶段世界范围内存在普遍的产能过剩问题，这些其他工作在资源保障上并不存在太大的问题，因此本文暂不涉及。

　　在"超级项目"实施的前期孵化工作中，主要的操作主体在于政学商各界的战略构思设计人员团队，以及在国家间进行协调、游说的人员团队；在中期的投融资工作中，主要的操作主体在于项目团队中的投融资团队如何获得和有效使用项目建设所需的巨额资金投入（包括国际经济组织贷款、银团信贷、直接利益攸关方国家的银行贷款、在国际金融市场发行项目建设债券和项目信托产品）；在后期运营工作中，主要的操作主体是项目运营团队。显然，上述操作主体涉及研究人员（包括政府和非政府组织的研究人员、学术界的研究人员和产业界的研究人员）、金融家（包括银行金融与非银行金融）以及（项目具体所属行业的）企业家。虽然在"超级项目"的团队合作推进中不同主体之间有越来越多的沟通渠道，但这些操作主体在思维方式、决策与研究方式和行为沟通方式上仍然存在巨大的不同。如何让相关主体人员各司其职又相互协调，是"超级项目"实施中的一个关键问题。

我们认为，在"超级项目"实施的前期孵化阶段，相关主体的关系应有如下厘定：

（1）研究人员作为该阶段的操作主体，提供具有前瞻性和战略性的战略构思和初步设计。

（2）金融家作为该阶段的协作主体，提供初步的投融资可行性咨询方案（和部分的研究经费支持）。

（3）企业家作为该阶段的协作主体，提供初步的建设运营的技术可行性支持方案（和部分的研究经费支持）。

以上三类主体协调行动，争取进行国际和国家层面的前期协调与游说工作，争取政府、非政府组织和社会公众的支持。

在"超级项目"实施的中期投融资阶段，相关主体的关系应有如下厘定：

（1）金融家作为该阶段的操作主体，按照项目推进要求，以前述多种方式筹措"超级项目"所需的巨额建设资金，满足项目建设的资金要求。

（2）研究人员作为该阶段的协作主体，根据项目建设的推进情况和技术进步情况，对项目方案进行动态优化和局部创新。

（3）企业家作为该阶段的协作主体，针对项目进行专用设备的制造、施工团队的筹组构建，满足资金到位后的建设施工要求。

以上三类主体协调行动，进行国际和国家层面的协调与游说工作，重点争取资本市场对该"超级项目"的认可，同时继续争取政府、非政府组织和社会公众的支持。

在超级项目实施的后期运营阶段，相关主体的关系应有如下厘定：

（1）企业家作为该阶段的操作主体，按照项目运营目标及时投产达产，尽快确立该"超级项目"的自身造血功能。

（2）研究人员作为该阶段的协作主体，及时根据项目运营维护工作中发现的问题提出技术解决方案，并对项目运营提供各种动态微创新研究支持。

（3）金融家作为该阶段的协作主体，及时根据项目运营的现金流状况和国际金融市场变化，对该"超级项目"的主体或部分提供从上市辅导、IPO、增发等一揽子金融服务。

以上三类主体协调行动，进行国际和国家层面的协调与游说工作，继续争取政府、非政府组织和社会公众的支持。

三、关键能力：操作主体综合基本能力与逻辑推动能力最为关键

如前所述，"超级项目"体量巨大，涉及利益主体复杂，建设

与运营周期长，相对于普通项目而言，其顺利推进实施的关键不在于技术层面、施工运营管理层面，而在于如何协调各类国际经济组织、各国政府、各类非政府组织、国际金融市场、各类上下游企业，乃至当地民众的关系，获得尽可能多的支持。从这个角度看，"超级项目"操作主体的综合协调、游说能力是项目成败的关键，换言之，很多项目在提出之初，往往被普通社会公众视为"神话"，此时，除技术支撑、资源要素支撑这些普通项目所必备的支撑要素外，操作主体将项目实施的逻辑厘清并推介给政府、市场和公众是另一个特殊的能力要求。

本研究认为，鉴于中国制造能力、基建施工能力乃至技术研发与系统集成能力在改革开放 30 余年来已经得到了快速的发展，在未来以我为主发起和倡导的"超级项目"建设中至少不会成为明显的、不可逾越的"短板"。但相对而言，我们的短板恰好是"超级项目"最关键的综合协调、游说能力和逻辑推动能力！

具体而言，以本书所探讨的新雁行模式中另一个主要的领导者——美国为例，其各种政治性和商业性游说的历史可以一直追溯到 18 世纪末期，在今天，游说已经成为一个合法的产业。据统计，该产业 2013 年的"年产值"超过 32 亿美元，合法注册从业人员多达 1.23 万人。除各类专业性游说组织（典型代表如美国商会 US Chamber of Commerce）外，谷歌、波音、埃克森美孚等大型企业同样投入巨资用于各类游说活动，以争取各种直

第八章　增量再平衡的现实抓手：超级项目的构思与既有案例分析

接或间接的商业利益。按照相关学者的研究，游说不但是相关团体表达自己利益诉求的渠道，也是立法者和执法者了解社会情况的重要管道。正是由于这个原因，虽然受到诸多诟病，但商业游说已经被欧美大型跨国企业视为必备的商业能力之一。我们认为，对刚进入国际市场不久、经验未丰的中国企业而言，要在海外市场上与欧美企业竞争，以我为主倡导和推进"超级项目"（这些竞争已经在中泰铁路项目、印尼铁路项目等展开），则不能不把综合协调、游说能力和逻辑推动能力这块"短板"及时补上。

　　具体而言，虽然近年来华为、中兴等若干中国企业明显对于国际市场上的综合协调、游说能力建设给予了前所未有的关注，但如果向全世界讲好"中国故事"、阐述"中国企业的行为逻辑"仍然是一个有待解决的问题。为什么从西方媒体到第三世界国家媒体中仍然存在着有关中国企业的海外扩张是新的经济殖民主义的歪曲认知？一方面可以归因于偏见或误解；另一方面，中国企业往往自说自话，无力用海外受众能够接受的方式将自己互利共赢的理念进行有效传播，这也是一个不能讳言的原因。

　　基于以上分析，本研究认为，在未来中国要真正发挥新雁行模式中主要领导者之一的作用，中国企业要有效推进以我为主、互利共赢的"超级项目"建设，则必须将面向全世界的综合协调、游说能力和逻辑推动能力作为关键能力加以重点建设。非如此，不足以让全世界的利益攸关方，特别是与我国"一带一路"推进密切相关而文化差异参差不齐的沿线国家政府、合作企业和社会公众清晰地接受和体认到互利共赢的项目前景。

四、市场机制：超级项目与资本市场全程战略

如前所述，新雁行模式下的"超级项目"，与传统意义上的超级工程的根本区别，即在于"超级项目"系在现代市场经济环境下，更多地采用企业化运作方式推进，较之政府主导的超级工程更多地算投资回收、投资收益这些"经济账"。可以认为，对于外部溢出效应很强、体量投资巨大、利益主体多元且关系复杂的跨国"超级项目"而言，要使之能够作为未来相当长一段时间的国家战略得以持续推进，市场机制的引入、经济绩效指标的市场化核算是题中应有之义。

在当今这个"金融深化"的时代，"超级项目"不可避免地需要与资本市场特别是国际资本市场全程对接，在项目运作的不同阶段引入各种金融产品，利用国际多层次资本市场，吸引从项目前期的风险投资 VC、私募股权投资 PE 等外源性资本介入，到项目中期的国际经济组织贷款、银团信贷、直接利益攸关方国家的银行贷款、在国际金融市场发行项目建设债券/信托产品等滚动筹资，到项目后期运营阶段的 IPO、增发等资产证券化手段，都离不开资本市场的介入。考虑到"超级项目"几乎不可能单纯依靠内源性筹资渠道得到推进，因此引入市场机制，实现"超级项目"

与国际资本市场的全程对接是项目得以顺利推进实施的必备要素之一。

需要强调的是，对国内多层次资本市场而言，引入"超级项目"进行不同阶段和手段（从 VC、PE 到 IPO、发债等）的筹资不仅可以让"超级项目"充当国内流动性的"储水池"，而且能够为国内企业和公众提供一个获得投资收益和财产性收入的新渠道；而对于海外多层次资本市场而言，引入中国企业主导的"超级项目"，不仅可以筹措项目建设资金，分摊项目的财务压力与资金风险，而且在事实上可以将海外投资者与中国相关项目企业利益实现"绑定"，从而在一定程度上借力海外投资者，特别是大型机构投资者在市场开拓、政府关系维护、社会公众舆论引导等方面的优势，为相关"超级项目"获得国际组织、各国政府、非政府组织和社会公众的认可提供帮助。

主要参考文献

[1] 埃文斯,鲁施迈耶,斯考克波. 找回国家. 方力维,等,译. 北京:生活.读书.新知三联书店,2009.

[2] 小威廉·休厄尔. 历史的逻辑. 朱联璧,费滢,译. 上海:上海人民出版社,2013.

[3] 道格拉斯·诺斯. 经济史上的结构与变迁. 厉以平,译. 北京:商务印书馆,1992.

[4] 罗伯特·帕特南. 独自打保龄. 刘波,译. 北京:北京大学出版社,2011.

[5] 贡德·弗兰克. 白银资本. 刘北成,译. 北京:中央编译出版社,2008.

[6] 彭慕兰. 大分流:欧洲、中国及现代世界经济的发展. 史建云,译. 南京:江苏人民出版社,2010.

[7] 保罗·肯尼迪. 大国的兴衰. 陈景彪,等,译. 北京:国际文化出版公司,2006.

[8] 路德维希·艾哈德. 来自竞争的繁荣. 祝世康,穆家骥,译. 北京:商务印书馆,1994.

[9] 斯塔夫里阿诺斯. 全球通史. 吴象婴,等,译. 北京:北京

大学出版社，2006.

[10] 安格斯·麦迪森. 世界经济千年统计. 武小鹰，译. 北京：北京大学出版社，2009.

[11] 德隆·阿西莫格鲁，詹姆斯·罗宾逊. 国家为什么会失败. 李增刚，译. 长沙：湖南科学技术出版社，2015.

[12] Paul Kennedy. The Rise and Fall of the Great Power: Economic Change and Military Conflict from 1500 to 2000. New York:Random House, 1987.

[13] Huntington, Samuel P. Political Order in Changing Societies. New Haven:Yale University Press, 2006.

[14] North, Douglass C. Institutions, Institutional Change, and Economics Performance. New York: Cambridge University Press, 1990.

[15] 托马斯·皮凯蒂. 21世纪资本论. 巴曙松，等，译. 北京：中信出版社，2014.

后 记

本书对影响当今全球经济增长的重大基础性、全局性问题——全球化失衡问题及其解决过程进行了历史回顾，并集中针对当下的失衡从实体经济、货币金融、收入分配等角度进行了系统的现象归纳与原因分析，对由全球失衡所引发的逆全球化趋势进行了剖析。在此基础上，基于对中美两个大国现有的顶层协作机制——中美战略对话机制的把握，提出了利用中美战略对话机制为解决全球失衡问题进行增量再平衡的解决方案设计。最后，对中美共同推动"超级项目"建设作为增量再平衡战略的短期抓手进行了理论与案例分析。

鉴于本书所涉及的国际经济、全球化失衡等命题均具有极强的理论深度和现实紧迫性，而增量再平衡的系统解决方案更属探索性研究，因笔者水平有限，目前的讨论尚处于初级阶段，可能存在诸多瑕疵乃至缺陷，祈盼得到各位专家的批评指正。

作 者

2016 年 10 月